中 善則 編著 Yoshinori Naka

協力・京都市右京区選挙管理委員会
右京区学生選挙サポーター

子どものための
主権者教育

●大学生と行政でつくるアクティブ・ラーニング型選挙出前授業

ナカニシヤ出版

はじめに

現実の政治問題に関心をもち，よりよい政治のあり方を
問い続け，自らの判断で行動できうる人物に育てるために

あなたは，まさにあなた自身である権利をもっています。しかし，私は，
次のことも，とくにはっきり言っておきたいと思います。この権利はただ
あなたに手渡されたものではないということ。違うのです。この権利は，
毎日毎日，日々獲得し続けなければならないものなのです。あなたの自由
を当然のものと思ってはいけません。あなたの前の世代の方と同じく，あ
なたもこれらの自由を守り，維持するために自らの役割を果たさなければ
いけません。そして，それは，そう，若い，あなたたち，あなたたちの，ま
さに今から始まっています。今，あなたは，私たちの国で行われている議
論のなかに，あなたの声を加えていく準備を，自身で進めてゆく必要があ
るのです。[1]

　この文言は，2017 年 1 月 6 日，当時，アメリカのファースト・レディであっ
たミシェル・オバマさんが，ホワイトハウスで行われた全米スクールカウンセ
ラー・オブ・ザ・イヤーの授賞式での最終公式スピーチの一部です。退任を目
前にした彼女は若者に向けて，アメリカは建国以来，信仰や肌の色，信条など
の多様性を尊重してきたこと，そしてこれからも，若い世代の力によって，そ
れらにさらに磨きをかけてほしいと語っています。折しも日本では，2015 年
に 18 歳以上に選挙権が引下げられ，翌年 7 月には国政選挙において，18・19
歳の若者が投票所に足を運び，自らの政治的信条が表明できるようになりまし
た。この「選挙権」もまた，ミシェル・オバマさんが語るように，私たちが育
て，発展させていくべき重要な基本的人権のひとつです。若者はもちろん，日
本に暮らすすべての人々が彼女の最後のメッセージをかみしめ，考え，行動す
る必要があるのです。
　筆者は，「教育基本法第 1 条（教育の目的）」にあるように「平和で民主的な
国家及び社会の形成者」の育成のため，あらゆる教育活動をシティズンシップ

---

1)「First Lady Michelle Obama's Final Official Remarks」（筆者訳）2017 年 1 月 7 日『The White House』（現在は，政
権移行につき，『The Obama White House』に変更されています）〈https://www.facebook.com/WhiteHouse/#!/
notes/the-white-house/first-lady-michelle-obamas-final-official-remarks/10158119956495193〉（最終閲覧日：2017 年
1 月 30 日）

教育の理念を軸として進めていくべきと考え，これまでさまざまな実践に取り組んできました。一概にシティズンシップ教育といえども多種多様なものがイメージできるでしょうが，なかでも「主権者教育」，つまり主権者として政治をみる眼を養い，政治的な判断力，ひいては行動力を育成することは現状を考えると焦眉の課題であると考えています。

　そんな状況のなか，「主権者教育」の発展のためどのような実践が必要なのかと思いを巡らせていた時，本学のある学生が，「右京区学生選挙サポーター」として選挙啓発のボランティア活動をしているということを耳にしました。その時，私は「これだ！」と直感が走り，その大学生ボランティアたちを束ねる右京区選挙管理委員会事務局（以下，右京選管）の職員の皆様と関わりをもたせていただくことになりました。選挙啓発にはつらつと取り組まれている職員さんと幾度もの議論をへて，未来の有権者たる小学生にこそ大学生が計画した選挙出前授業を実施してみようと話がまとまり，本格的な機材等も活用した選挙出前授業が実現する運びとなったのです。私も微力ながら，大学生が考えた選挙出前授業の内容について助言を行うという役割を担わせていただくことになりました。

　決して熟練の技があるわけでない大学生が，小学生相手に緊張感をみなぎらせて選挙出前授業を始めます。しかし，しばらくすると大学生と小学生の作り出す空間が，不思議と楽しさや知的な深みで満ちてくるのです。大学生の純粋な気持ち，熱意。そして，それを受け止めてくださる小学校の先生方と子どもたち。また，その間に入り，日常業務があるにもかかわらず大学生への助言に寸暇を惜しまない右京選管の職員さんたち。私にはこの3者がもたらす豊かな活動の実りを，どうしても広く多くの方々に知ってもらいたい，そんな想いがわき上がってきました。

　本書は私のそんな感慨も込めて，2013年度から現在も継続中である，行政（選挙管理委員会事務局（以下，選管））と大学生でつくる選挙出前授業の様子の紹介及びその総括をまとめたものです。さらにこれから始まる「アクティブ・ラーニングの時代」に向けて，「主権者教育」そのものの今後のあり方を考えた論稿も加えています。近年，全国各地で実践され始めた「模擬選挙」や「主権者教育」のアクティブ・ラーニング型の学習を，単に選挙の仕組みを知らせる体験に留めてしまうのではなく，現実の政治問題に関心をもち，よりよい政治のあり方を問い続け，自らの判断で行動できうる人物に育てるための手立て，出発だと捉えておきたいと思います。これからますます各学校で「主権者教育」・「模擬選挙」が実践されていくことでしょう。本書はそんな時代の手引きとなることを願って編集しました。

　また，この本は大学教員としての立場から中が，加えて行政機関の立場から右京選管の職員が，各地域でこのような大学生による選挙出前授業を実践される場合はもちろん，学校と選管のみで進める授業にも対応できるようにと執筆したものです。ここでは主に小学校向けの実践を紹介していますが，中学・高校・特別支援学校にも応用できるものと確信しています。つまり，本書を小学校をはじめとした主権者教育に関心をもつ教育関係者（小中高，特別支援学校の教員，シティズンシップ教育研究団体，大学教員）や選挙啓発関係団体の皆様（各選管，啓発団体）に，また，大学生で行政機関や企業等でインターンシップを経験してみようと考えている大学生や教職志望大学生（特に，社会科・公民科を学ぶ大学生）に，手に取っていただきたいと思っています。それぞれの与えられた条件のもと本書の内容を参考にしていただき，豊かな実践が広がり，多くの市民が，明日の社会のあり方をめぐって議論を交わし，よりよい未来をつくっていくために行動できる社会になればと願っています。もちろん，本書の内容につきまして私どもの実践をより深めていくため，さまざまなご批判を頂きたいと強く望んでおります。

　本書の第6章には「模擬選挙推進ネットワーク」代表・事務局長として，2000年代初めから全国を駆け回り，「模擬選挙」の実践を切り拓き，多くの論稿も重ねられている林大介さんに本書で紹介する事例の評価と今後の「主権者教育」にかかわる指針をお示しいただきました。ここに記して感謝します。

2017月1月

中　善則

目　次

01 右京区学生選挙サポーターの取り組み

　右京区学生選挙サポーターとは，京都市右京区役所と「右京区大学地域連携に関する協定」を結んだ7大学（京都外国語大学・同短期大学，京都光華女子大学・同短期大学部，京都嵯峨芸術大学（現 嵯峨美術大学）・同短期大学部，花園大学）及び，立命館大学を合わせた8大学の大学生により，2011（平成23）年度に結成された団体である。2015（平成27）年度には，京都学園大学を含めた9大学に拡大し，現在，大学生約30人で，「若者の政治意識や，投票率の向上」を目標に掲げさまざまな活動に取り組んでいる。主な活動は以下3点である。

01-01　投・開票事務等への従事

　1点目は各種選挙時の投・開票事務等への従事である。期日前投票期間や投票日当日にはそれぞれの投票所において，選挙人の本人確認や投票用紙の交付等に，そして開票所での票の開票作業等に従事している。また，地域での街頭啓発や投票所への送付物品の準備等，投票日当日までにもさまざまな役割を担っている。こうした活動を通して，「有権者として投票するだけでは知ることができない選挙の大切さを知ることができ，貴重な体験となっている」という意見が大学生から挙がり，大学生自身の選挙意識の向上につながっている。

図 1-1　投票所にて

01-02 選挙啓発活動

　2点目は地域イベントでの選挙啓発活動が挙げられる。毎年秋に開催される，右京区民の交流やふれあいを深めることを目的とした右京区民ふれあいフェスティバルでは，出展されたB級グルメのグランプリを決定する人気投票を担当している。実際の投票箱を使用することで，大人だけでなく子どもにも，選挙を身近に感じられるよう取り組んでいる。このフェスティバルだけでなく，クリスマス等さまざまなイベントにおいても，幼児向けブースの開設やアンケートの実施等の啓発活動を行い，政治意識，投票意識の向上を目指している。

図1-2　選挙啓発活動の様子

図1-3　B級グルメグランプリ

図1-4　B級グルメグランプリ

図1-5　サンサ DE クリスマス・マーケット

01-03　選挙出前授業

　そして最後に，小学校等で実施する選挙出前授業である。「児童に対し選挙の大切さを伝えること」「選挙出前授業について家庭で保護者と話すことで，保護者世代の投票意識を高めること」を目的に，2013（平成25）年度から毎年取り組んでおり，2016（平成28）年度末までに，右京区内の小学校11校，また，高校生が対象の支援学校1校で実施した。授業構想の考案や当日の授業運営等を，大学生が主体的に全て取り組むことで，大学生自身も，選挙について真剣に考える機会となっている。また，教員を志望する大学生にとっては，担任の教員等から授業に対する意見も聞くことができるので，将来の進路を考えるうえで非常に良い機会となっている。

図1-6　選挙出前授業の様子

図1-7　選挙出前授業の様子

01-04　その他の活動

　その他にも，（公益財団法人）明るい選挙推進協会主催の，若者の政治的リテラシーの向上や，明るい選挙推進運動の活性化を目的とした「若者リーダーフォーラム」において，右京区学生選挙サポーターのこれまでの活動の報告を行っている。また，他都市の選挙啓発団体との意見交換会にも参加し，それぞれの活動の優れた点や課題等を共有し，今後の活動に役立てている。

　こうした右京区学生選挙サポーターの活動は，右京区選挙管理委員会事務局（以下，右京選管）と共に取り組んでいる。大学生と事務局職員との連携を深めるために，また，大学生であるサポーター同士の繋がりを促進するため，右京区学生選挙サポーターと右京選管は定期的にミーティングを実施し，活動の方向性等を議論している。主に，サポーターである大

図1-8　若者リーダーフォーラムでの報告

図1-9　打ち合わせの様子

学生が意見を出し，事務局職員は適宜，行政という視点から，意見・アドバイスをしている。行政機関が取組を押し付けるのではなく，あくまで大学生主体であり，大学生に対しサポートをするという姿勢でミーティングや取組を行っている。そのため，大学生同士の意見交換が活発になり，それぞれの取組を行う時に大学生の意見を大いに取り入れることができる。

　このように，大学生である右京区学生選挙サポーターと行政機関である右京選管が連携することで，それぞれの活動を継続し，より良い内容に更新することができている。

　今後も，右京区学生選挙サポーターのさまざまな活動を継続するためにも，継続的な新規メンバーの拡大が重要になる。①大学の入学式や学園祭での勧誘活動，②取組主旨に御理解いただいている教員の授業やゼミの受講生を対象にした説明会の開催，③現メンバーによる勧誘活動，という3つの手法で拡大を目指している。平成28年度はそれぞれの手法により新規メンバーを獲得できたが，特に効果的であったのが②である。大学生が右京区学生選挙サポーターでの活動を通して求めることは，自身の就職活動に役立つ経験が得られるということも挙げられるであろう。活動を通して行政の仕事を身近で感じることができ，また，小学生に授業を行うことができるという魅力を伝えることで，将来公務員や教員を目指す大学生の興味を惹くことが可能であった。今後も右京区学生選挙サポーターの活動にニーズが合う大学生が多くいる場を中心に出向き，説明会等を実施したり，多くの大学生に興味をもってもらえるようフェイスブック[1]で活動情報を発信し，認知度を高めることでメンバーの拡大を目指している。

　2017（平成29）年度以降は，これまで継続的に行っている啓発活動に加え，高校生や大学生を対象とした政治・社会への関心や投票意識を把握するためのアンケートの実施及び分析を行い，その分析結果を基にさらに投票の機運が高まる啓発活動を実施する予定である。

---

1) https://www.facebook.com/ukyosenkyo（最終閲覧日：2017年4月21日）

02 選挙出前授業の概要と実施のポイント

本章の流れ

　選挙出前授業の概要とそのポイントを授業の構成に添って順に説明していこう。適宜掲載した台本等の資料と併せてお読みいただきたい。なおパワーポイント等は 22-24 頁，36-40 頁に掲載した。選挙出前授業の内容は，まず右京区学生選挙サポーターがその代表を中心として原案を作成し，折々に，中（と右京区選挙管理委員会事務局：以下，右京選管）が助言をし，大学生に戻し，大学生たちが再検討するというサイクルを何度も繰り返した。最終的には大学生と右京選管が協議をし，右京選管側が OK サインを出して完成とした。大学生のやりたいことを尊重しつつ右京選管も内容に納得できるものになるまで，議論を繰り返し求めての完成である。そうしてできあがった授業構想（台本）をもとに，小学校との打ち合わせが開始される。なお，写真・資料は 2013 ～ 2017 年度実践の中から適宜掲載している。同一年度のものでないことをお断りしておく。

02-01　選挙出前授業実施の前に

①実施校との打ち合わせ

> 小学校と実施側，双方のメリットの共通理解を！

　選挙出前授業実施の前に，まずは小学校との事前打ち合わせが重要である（次頁の参考資料を参照）。ここで学校側も遠慮せずに要望や実情を伝えるべきである。また，実施（選挙管理委員会事務局（以下，選管））側も，児童におさえてもらいたいポイントを，その専門的見地から明確に示しておきたい。つまり，双方にとってのメリットを共通理解しておくことが必要である。今回，実施側からの小学校への要望は，劇や模擬投票をするだけでなく，必ずグループワークによる児童間の話し合いを行う時間をつくってほしいということであった。

参考資料　選挙出前授業までの動き・必要物品（2016（平成28）年度）

右京選管の選挙出前授業までの動き

2016（平成28）年	
11月上旬	右京区小学校長会への趣旨説明及び依頼
11月下旬	実施小学校決定
12月上旬	参加大学生の募集
12月中旬	実施小学校との打合せ ・日時 ・授業実施場所 ・借用物品 ・グループワークの班分けや内容について ・児童休憩時間 ・授業後の教員との意見交換の依頼 ・その他
2017（平成29）年	
1月上旬	台本原案の内容確認
1月下旬	実施小学校に対し，台本の提示 修正依頼箇所があれば，大学生に適宜修正依頼
2月中旬	リハーサルでの授業内容確認，大学生への修正箇所等の指示

選挙出前授業　必要物品

設営関係物品	大学生参加者使用物品
・投票箱 ・投票受付システムPC ・用紙交付機 ・記載台（児童数により数量調整） ・パワーポイント用パソコン （・プロジェクター） ・掲示物 ・備品（マジック，ボールペン，ポスカ，鉛筆，ガムテープ，養生テープ，セロテープ，はさみ，カッターナイフ） ・候補者ポスター	・候補者用タスキ ・候補者用白手袋 ・○×クイズ ・めいすいくんの着ぐるみ ・授業進行管理表 ・卓上ベル，ストップウォッチ
	児童向け物品
	・配布資料一式（選挙のお知らせはがき，選挙公報，公約プリント）（☞ pp.12-13） ・ふりかえりシート（☞ p.30参照）

また，当然台本も事前にお見せし，理解していただくことが必要であろう。加えて，筆者のように大学教員（教職課程）も関わっている場合，大学生への事前指導は可能な限り行うが，大学生に小学生と関わる経験を積ませたいこと，選挙出前授業終了後，教員の先輩としてなんらかの助言をしてあげてほしいなど，大学側からの希望もきちんと伝えておきたい。

②選挙出前授業の構成

> 本物志向！グループワークも！

選挙出前授業の構成は図 2-1，表 2-1 のような流れを考えた。ポイントは，①選挙について楽しく興味づけられる「選挙劇」を行うこと，②本物の機材を活用して「模擬投票」を行うこと（「めいすいくん」という明るい選挙のイメージキャラクターの登用も），③選挙に関する課題についての「グループワーク」を行うことである。以下，順を追ってそれぞれの内容とポイントを記していく。なお，児童への教材（配布資料：☞ pp.12–13）は図 2-2 のように，公約プリント，選挙公報，選挙のお知らせはがきを準備した。また当日の役割分担については次頁の参考資料を参照いただきたい。

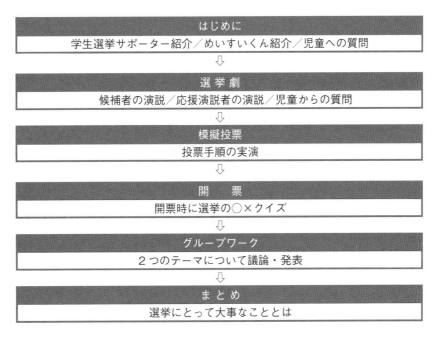

図 2-1 出前授業の構成（時間配分は次頁参照）

表 2-1　全体の時間配分（構成は前頁参照）

授業時間	時間配分	内容
45分	5	はじめに（自己紹介）
	20	選挙劇
	5	模擬投票指導
	15	模擬投票体験・開票
5分	5	休憩時間
45分	5	○×クイズ・開票結果発表
	25	グループワーク，意見の集計
	15	まとめ

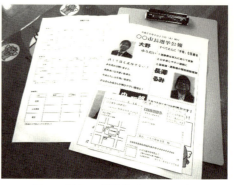

図 2-2　児童への配布物（☞ pp.12-13）

参考資料　当日役割分担

選挙出前授業当日役割分担（＊＊小学校，約60名）

役　割	担当者
めいすいくん（着ぐるみ）	大学生 A
候補者 A	大学生 B
応援演説 A	大学生 C
候補者 B	大学生 D
応援演説 B	大学生 E
候補者 C	大学生 F
応援演説 C	大学生 G
パワーポイント操作担当	大学生 H
司会 A	大学生 I
司会 B	大学生 J
司会 C	大学生 K
タイムキーパー	大学生 L
名簿対照係	大学生 M，大学生 N，大学生 O
用紙交付係	大学生 P，大学生 Q，大学生 H
記載台監視係	大学生 J
投票箱監視係	大学生 K
グループワーク	全員（パワーポイント操作担当，司会 C，タイムキーパー除く）
参加大学生数	17 人

02-02　選挙出前授業の流れ

①はじめに（5分）

> 児童との出会いを大切に，堂々と演じよう

はじめに，下にまとめた選挙出前授業台本（シナリオ）にしたがって自己紹介等を進める。ポイントは以下の通りである。

Point

●学生選挙サポーターの全体的な留意点

①常に児童に向かって話すこと。

②できるだけ前に出て，大学生が重ならないこと。舞台と平行に立つ。

②台本はできるだけ見ない。

④ゆっくりゆっくり，語りかけるように。

⑤この授業の間だけ右京区学生劇団となる意識で，役を演じきる。

---

	①はじめに（5分）のシナリオ（2016年度）	
	めいすいくんと一緒に司会A登場	
司会A	【自己紹介】 皆さんこんにちは！ 私は右京区学生選挙サポーターの＊＊です。私達右京区学生選挙サポーターは，選挙の際には投票所や開票所の事務作業や選挙を身近なものに感じてもらうため，今日のような選挙出前授業等に取り組んでいます。	児童の返しの挨拶の声が小さい場合は再度挨拶を求める。
	【めいすいくんの紹介】 ところで，皆さん，隣にいるキャラクターが気になっていると思います。これはめいすいくんと言いまして，日本中で活躍している選挙のマスコットキャラクターです。	
	【質問】 では，ここで質問です。めいすいくんは何がモデルとなって作られたでしょうか？	
	児童の意見に司会は反応する。 実はめいすいくんは投票箱をモチーフにしていて，頭のしFSしま2本は「投票用紙の投入口」をイメージしています（おしりには投票箱と同じようにカギがついています）。 めいすいくんはこの後も度々出てくるので，皆さん注目してあげてくださいね。	児童の意見は決して否定しないようにする。

①はじめに（5分）のシナリオ（2016年度）	
司会A	**【本日の授業について】** さて，今日行う授業について説明します。皆さんは選挙について学習していると思いますが，今日の授業でさらに選挙の大切さを学んでもらいたいと思います。	
	【身近な選挙で例えて選挙の基礎知識を簡単に説明】 皆さんは，もう既に選挙を経験したことがあるかもしれません。クラスの代表を決める時等ですね。みんなで選んで，代表を決めることです。ではなぜ，今日この学校で授業することになったのか。それは，皆さんの年齢に関係があります。	
	【授業の目的（18歳選挙権について）】 日本や自分たちの生活を決める国会議員や市長等は選挙で選びます。今まで20歳になってからしか投票できなかったのが，平成27年の法改正によって，18歳で投票することができるようになりました。 その中で，選挙の大切さを知り，選挙に参加するかしないかによって，選挙の結果が変わり，京都や日本の未来が大きく変わってきます。 選挙の大切さを知ることが，皆さんにとってどのようにプラスになるのか，今日の授業を通して知って欲しいと思います。	

図2-3　選挙出前授業のはじまり
（大学生と「めいすいくん」の紹介）

②選挙劇（20分）

> 児童に，候補者の公約をメモしてもらおう！　質問をしてもらおう！

　2014・15年度の実践では，小学校制度改革選挙に3人の学校改革のプロフェッショナルが立候補し，候補者の公開演説と，候補者の応援者による演説を劇風に大学生が演じて行った。3人の候補者のおおよその演説内容は表2-2のとおりである。候補者は個性豊かに演じたいものである。また，候補者ポスター（☞ p.17：図2-12）も作成し，掲示した。候補者役を大学生が演じると児童たちは大喜びであるが，教職員が演じても，あるいは，児童の代表者が演じても，それもまた相応の良さがあるだろう。2016年度は候補者の公約の内容を表2-3のように変更し，実施した。

　児童はそれぞれの候補者の改革内容を把握し，各自，公約内容をプリント（次頁の参考資料参照）に書き留める。そして演説終了後，候補者及び応援者への質問タイムを設け，児童には直接疑問点やもっと知りたい点などを質問させるようにした。つまり，公約を自身で受けとめ，わからないことは確認すること，また，甘い公約の裏に隠されていることはないかを考えること，そして候補者と議論をしてみることの経験である。この劇の内容については，第5章でさらに考察を深めてみたい。

表2-2　選挙出前授業の内容：選挙劇（2015年度）

候補者 A	候補者 B	候補者 C
授業時間を40分に短縮	授業は話し合い・調べ学習中心	授業時間の増加
各授業後に小テストを実施	成績は自己評価，友人との相互評価重視	期末テスト導入
給食の充実	給食廃止	給食は野菜中心の献立
中学校入学前にテスト導入	小・中学校合同勉強会の実施	留年制度の導入
地域貢献の強化	地域交流の推進	地域への配慮重視

表2-3　選挙出前授業の内容：選挙劇（2016年度）

	候補者 A	候補者 B	候補者 C
医　療	75歳以上は医療費を無償化する	収入に応じて医療費を変える（収入の多い人は高額に，少ない人は低額に）	医療費の自己負担額を3割から4割にする
公共事業	新たな道路や公共施設を作らない	道路を整備し，都会と田舎を行き来しやすくする	大規模テーマパークを誘致
教　育	1クラスあたりの人数を減らし，丁寧な指導を行う	図書室，運動場を放課後や土日も開放とする	学力向上のため，コンピューター教育を充実させる

参考資料　選挙出前授業配布資料

小学校版（2016 年度）

公約プリント①

クラス（　　　　　）
名前（　　　　　）

候補者A

公約	賛成	やや賛成	やや反対	反対
医療				
公共事業				
教育				

（自由にメモをとってください）

候補者B

公約	賛成	やや賛成	やや反対	反対
医療				
公共事業				
教育				

（自由にメモをとってください）

候補者C

公約	賛成	やや賛成	やや反対	反対
医療				
公共事業				
教育				

（自由にメモをとってください）

公約プリント②

クラス（　　　　　）
名前（　　　　　）

候補者A

公約	内容
医療	・７５歳以上は，医療費を無償化する ×働く世代の税金を引き上げる必要がある
公共事業	・税金の無駄遣いを無くし，新たな道路や，公共施設を作らない ・経済活動が停滞する
教育	・一クラスあたりの人数を減らし，丁寧な指導を行う ・教員を増やすため，費用が増える

候補者B

公約	内容
医療	・収入に応じて医療費を変える（収入の多い人は高額に，少ない人は低額に） ・収入の少ない人でも医療を受けられる ・収入の多い人から多く医療費をとる
公共事業	・道路を整備し，都心部と田舎を行き来しやすくする ・経済的に良い効果がある ・税金を引き上げる必要がある
教育	・図書室，運動場を放課後・土日開放とする ・学力の向上，健康の増進を実現することができる

候補者C

公約	内容
医療	・国の負担が多いため，医療費の自己負担額を，３割から４割にする
公共事業	・大規模テーマパークを誘致 ・経済的に良い効果がある ・環境問題，収益の問題が生じる
教育	・学力の向上のため，コンピューター教育を充実させる ・多くの費用が掛かる

特別支援学校高等部版（2017 年度）公約プリント②

＜公約プリント＞

	候補者A	候補者B	候補者C
教育	情報の授業時間を増やす 良：パソコンや ICT 機器を使って自分で困りを解決する力がつく 悪：設備費用が必要	体験学習やグループワークなどの生徒が自ら学習する授業を増やす 良：問題解決能力の向上 悪：基礎学力が身につきにくい可能性	土曜日も授業日に 良：就労などに必要な能力の向上 悪：自由時間が減り心のゆとりがなくなる可能性
社会保障	生活保護を受けやすくする 良：生活保護が受けやすくなり，経済的に困っている人を多く救える 悪：税金を多く集めるなど，どこかからお金を集める必要が出てくる	１５歳以下と７０才以上は医療費を無料にする 良：医療費の負担がなくなる 悪：16才から69才の人の負担が増える	公的年金の廃止 良：毎月の支払いがなくなる 悪：退職後（老後）の賃金を考えて仕事をしなければならない
労働条件	ワークシェアリングの推進 良：残業がなくなり，雇用が増える 悪：給料が減る	最低賃金の大幅引き上げ 良：今まで給料が少なかった人たちの給料が上がる 悪：会社の利益の減少，働く時間が減る可能性	裁量労働制の推進 良：時間内に仕事が終われば残業しなくてもよい 悪：時間内に仕事が終わらなければサービス残業になる

この資料は，2017 年度，特別支援学校高等部で行った選挙出前授業のものである

特別支援学校高等部版（2017 年度）公約プリント①

＜公約プリント＞

候補者A

公約	賛成	やや賛成	やや反対	反対
＜教育＞ 情報の授業時間を増やす				
＜社会保障＞ 生活保護を受けやすくする				
＜労働条件＞ ワークシェアリングの推進				

（メモ・感想）

候補者B

公約	賛成	やや賛成	やや反対	反対
＜教育＞ 生徒が自ら学習する授業を増やす				
＜社会保障＞ １５歳以下と７０才以上は医療費無料				
＜労働条件＞ 最低賃金の大幅引き上げ				

（メモ・感想）

候補者C

公約	賛成	やや賛成	やや反対	反対
＜教育＞ 土曜日も授業日に				
＜社会保障＞ 公的年金を廃止				
＜労働条件＞ 裁量労働制の推進				

（メモ・感想）

選挙公報（2016 年度）

広報ハガキ（2017 年度）

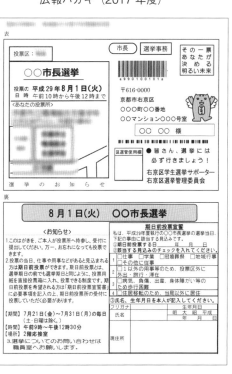

Point

● 全候補者共通

キャラクターを作りあげてなりきること。良いことを重点的に，わかりやすく。

● 応援演説者の注意

応援演説者の役割としては，質問タイム時の補助が重要であるため，時間次第で演説内容を少なめに抑える。自分はどの候補者を応援しているのかを述べた後，候補者の一貫した思想，信念，また公約の目玉等を紹介すると良い。

質問タイム時に児童の数を割る際，各応援演説者にどの候補者のことについて質問すれば良いかがわかりやすいようにすることが重要。そのため，呼ばれれば一緒に前に出て一緒に下がる。

②選挙劇（約20分）のシナリオ（2016年度）		
	【劇への展開】 でも，ただ聞いているだけでは，皆さんがつまらないと思います。 それをわかりやすく理解していただくためにも，今日は，皆さんは架空の○○市民となり，選挙に参加してもらいます。 今から，○○市の市長を選ぶ大事な選挙が行われます。○○市長選挙には，3人が立候補しています。 各候補者は，皆さんの前で公開演説を行います。今回，18歳以上だけでなく，小学生である皆さんも○○市の特例として，選挙権が認められることとなりました。 候補者は当選した時に行うことをこれからお話しします。これを公約と言い，候補者と市民との約束になります。	劇が今から始まることを児童に知らせる。
司会A	皆さんは自分で候補者を選ぶために，話をよく聞いてください。お手元の公約プリント①に候補者の公約に対して賛成・やや賛成・やや反対・反対のいずれかに○をつけ，また，候補者の主張をメモするために，メモ欄は使ってください。	できるだけ，候補者間，政策間で，違いをつけて○をつけるように言っておく
	各候補者はこれから，医療，公共事業，教育についての公約をお話しします。これらの事業を行うには，お金，税金が必要になります。税金というのは消費税等，皆さんが日本で生活するために必要なお金を国に預けることです。そして，公共事業というのは，その税金を使って，国民，市民が住みやすい街にするために，道路や図書館，ダム，町の再開発等，さまざまな施設を作ることを言います。各候補者がどういったことを視点にしているか，注意して聞きましょう。実際の社会では，税金や医療費の負担割合の引上げ等については，市町村ではなく国が決定するものもありますが，今回，皆さんが分かりやすいように，特別に市長がそうした権限をもっているものとします。	授業前に，論点と賛成・反対の欄だけを書いた公約プリント①を配布しておき，投票後にその内容について書いた公約プリント②を配布する。それにより，自分がどれだけ情報収集できたか，公約の裏の部分を考えられたかを視覚化させる。

②選挙劇（約20分）のシナリオ（2016年度）		
候補者演説（各3分）・応援演説（30秒〜1分）		
司会A	それではまず，候補者Aさんの演説です。	
候補者Aと，その応援演説者Aが入場		
候補者A	皆さんこんにちは，私が立候補者のAです。私はまず……。 別途資料（公約プリント①（☞ p.12））を参考に演説する。	PowerPoint立候補者Aの公約要点表示 ・【医療】75歳以上は，医療費を無償化。 ・【公共事業】新たな道路や，公共施設を作らない。 ・【教育】一クラスあたりの人数を減らし，丁寧な指導を行う。
応援演説者A	演説終了後，応援演説者Aが応援演説。	
司会A，二人の演説が終わり次第，指定の位置に移動。		
司会A	次に，候補者Bさんの演説です。	
候補者Bと，その応援演説者Bが入場		
候補者B	皆さんこんにちは，私が立候補者のBです。私はまず……。 別途資料（公約プリント①（☞ p.12））を参考に演説する。	PowerPoint立候補者Bの公約要点表示 ・【医療】収入に応じて医療費を変える。 ・【公共事業】道路を整備し，都会と田舎を行き来しやすくする。 ・【教育】図書室，運動場を放課後や土日も開放する。
応援演説者B	演説終了後，応援演説者Bが応援演説。	

図2-4　立候補者の演説

②選挙劇（約20分）のシナリオ（2016年度）			
司会A，二人の演説が終わり次第，指定の位置に移動。			
司会A	次に，候補者Cさんの演説です。		
候補者Cと，その応援演説者Cが入場			
候補者C	皆さんこんにちは，私が立候補者Cです。私はまず……。		PowerPoint立候補者Cの公約要点表示 ・【医療】医療費の自己負担額を，3割から4割にする。 ・【公共事業】大規模テーマパークを誘致。 ・【教育】学力向上のため，コンピューター教育を充実させる。
	別途資料（公約プリント①（☞ p.12））を参考に演説する。		
応援演説者C	演説終了後，応援演説者Cが応援演説。		
司会A，二人の演説が終わり次第，指定の位置に移動。			
質問タイム（各3分）			
司会A	それでは，今から候補者への質問タイムを実施します。各候補者の演説を聞いて，疑問に思ったことをたくさん質問しましょう。質問して分かったことは，お渡ししている公約プリント①にあるメモ欄に書きましょう。		PowerPoint 質問タイム表示
候補者と応援演説者がクラスごとなど，3か所（6グループ）に移動。			児童数が多い場合は数を分けて，候補者と応援演説者それぞれに質問すればいいことを確認しておく。
司会A	候補者と応援演説者，それぞれに質問できる時間は2分です。2分経てば，別の候補者が皆さんの質問にお答えします。 それでは，質問を始めてください。		時間に余裕があれば，3分程度で。タイムキーパー必須。
	司会Aが終了時，開始時のみ報告		質問タイム2分×3回 総時間8分前後が理想

図2-5　質問タイム

図2-6 立候補者の演説

図2-7 応援演説（左）

図2-8 熱心に公約プリント①にメモをとる児童

図2-9 立候補者への質問タイム①

図2-10 立候補者への質問タイム②

図2-11 立候補者への質問タイム③

図2-12 立候補者のポスター

③模擬投票（20分）

> 模擬投票は本格的に！

　模擬投票では，「実物」を使い，できるだけ「本物」仕様で行うことがやはり望ましい。選管との協力を是が非でも仰ぎたい。本書の事例でお借りしたものは，記載台，投票箱，投票用紙交付機などである。また，事前に配布されるであろう選挙のお知らせはがきや投票用紙まで，実際に近いものを作成していただいた。さらに，実際の投票所に似せた態勢に各機材を配置した。

　実際の投票の流れを，「めいすいくん」に実演してもらった後，児童にもその場で全員に投票をしてもらう。

Point

● 模擬投票体験の際，誘導係がきちんと先導すること

・受付に近い列から誘導する。

・めいすいくんは投票箱の先に配置し，ゴールを意識させる。

・他の人の投票の様子を見ることも勉強だ，ということを児童に気づかせるため，投票が終わったらきちんと列に戻す。

・めいすいくんに人数が集まりすぎている場合，めいすいくんが児童を引き連れて，児童を列に戻す誘導係になる。

図 2-13　投票の説明

図 2-14　名簿対照

図 2-15　投票風景

③模擬投票（20分）のシナリオ		
模擬投票指導（5分）		
めいすいくんと司会B登場		
司会B	では，今から実際に選挙を行って候補者を選んでもらおうと思います。 めいすいくんが教えてくれるので注目しましょう！ 今回の選挙権は，18歳以上の人だけでなく特例で皆さんにも選挙権があるので安心してください。 有権者には，スクリーンのような選挙のお知らせはがきが送られます。はがきを投票所まで持って行くと投票できます。これはどこに持って行くの？　めいすいくん。 めいすいくんが指差ししている先には名簿対照係の人が挙手している。 あそこの手を挙げている人に渡せば良いんだね！ めいすいくんうなずく ここでは何をするのですか？	めいすいくんの立ち位置は児童の邪魔にならないように。 プロジェクターを用いてスクリーン等に表示
名簿対照係	はがきを持ってこられた有権者の方が投票するには，まず最初に名簿対照係に来てもらいます。ここでは別の人が投票権を行使しないように本人確認を行います。あちらのスクリーンに注目して下さい。あのように，小学校の体育館等が投票所となります。あの写真は，職員がはがきのバーコードを読み取り，パソコンで本人確認をしている様子ですね。 本人確認が済んだら，投票用紙交付係にて投票用紙を受け取ってください。	プロジェクターを用いてスクリーン等に表示
司会B	ありがとうございました。では投票用紙はどこなのかな？ めいすいくんが指差ししている先には投票用紙交付係 ありがとう。めいすいくん。 ここでは何をするのですか？	
投票用紙受付係	ここでは投票用紙を渡します。 用紙交付機という機器があり，用紙交付係が，ボタンを押せば投票用紙が出てきます。そのボタンは，男性，女性のボタンに分かれています。そのため，男性，女性の投票者数が一目でわかります。	機器でなくボードを使っている投票所がある
司会B	皆さんも投票の時に用紙交付機を見てみてくださいね！　そしていよいよ候補者の名前を投票用紙に書くんだけど……。 めいすいくんが司会Bに指差しして教える。記載台にいる人が挙手。 めいすいくんありがとう。ここは何をしているのですか？	
記載台監視係	ここは記載台といって，渡された投票用紙に候補者の名前を書くところです。皆さんに書いていただくのは，今回立候補した三人の中の，一人の名前です。スクリーンのように，それぞれの記載台は他の人からは見えないようになっており，誰が誰に投票したかわからないようになっています。（身体障害者用記載台を指して）こちらの記載台は足の不自由な人や車いすの方が書きやすいように低くしています。 投票用紙に書く時は，友達が書いているのを覗いたり，誰に投票するか相談するのはだめですよ！	プロジェクターを用いてスクリーン等に表示

③模擬投票（20分）のシナリオ		
司会B	じゃあ、私書きますね！　めいすいくん見たらいけないよ！ 投票箱は……あっ！　めいすいくんありがとう。（めいすいくん投票箱を指さす）	
	【最後にめいすいくんと手順確認】 投票の手順は以上となります。班で相談しているかもしれませんが、決して班で出た結論に合わせる必要はありません。自分が誰になって欲しいかをよく考えて名前を書きましょうね。 書き終わったら、あちらにある投票箱に票を入れて終わりです。ではこの列から順番に投票していきましょう！	プロジェクターを用いてスクリーン等に表示（☞ p.37）
模擬投票体験（10分）		
児童に投票してもらう		

図2-16　本物の機材で投票

図2-17　投票用紙の交付

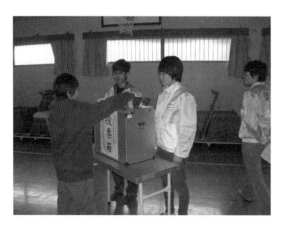

図2-18　真剣に投票

④開票説明・○×クイズ（各5分）

> 開票作業もオープンに！

　実際の開票は選管，投票管理者立会人のもと，厳正に行われる旨を説明し，選挙制度の重要性を理解させたい。さらに，開票自体を公開で行う必要性も述べた。本書の事例では，投票後すぐ，開票することとし，開票作業も見学させるようにした。

　ここで一旦休憩。再開後，数題の選挙に関する「○×クイズ」（pp.22-24 の参考資料を参照）を行い，正解を大学生が解説した。

④開票説明（5分）・○×クイズ（5分）のシナリオ		
開票説明（5分）		
全員の投票が終わり次第，開票作業の説明		
司会B	こちらでは開票作業を行っています。開票とは，皆さんが投票した票を候補者ごとに分け，その票数を数えることです。実際の選挙では，選挙管理委員会のもとで，開票作業には一切の不正を許さず，一枚一枚確実に確かめる作業を繰り返します。市民が開票状況を直接見ることもできます。	候補者，司会B，めいすいくん以外で開票作業
休憩（5分）・○×クイズ（5分）		
開票作業が終われば，休憩時間の説明。		
司会B	皆さん○時○分まで休憩時間です。トイレに行きたい方は行ってもらって結構です。それ以外の人はその場で休憩していてください。今から，大学生がプリントを配るので，皆さん受け取ってください。	○×クイズ前に公約プリント②（☞ p.12）を配布しておく。
時間が余れば，プロジェクターに写した○×クイズを解説する。		
司会B	めいすいくんが，○×クイズをみんなと一緒に考えたいようです。一緒に考えましょう！	

図2-19　開票作業とその解説

図2-20　「めいすいくん」と○×クイズ

参考資料　2016 年度　選挙出前授業○×クイズパワーポイント

①

②

③

④
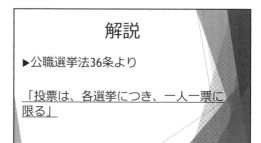

⑤

⑥

⑦

解説

▶投票日当日に仕事や用事がある場合
は、期日前投票所で投票できます。

▶期日前投票の期間は、公示日の翌日
から、投票日の前日までです。

⑧

【3】目が見えない人は、点字で投票する
ことができる

⑨

⑩

解説

▶公職選挙法39条で、目の見えない人
も点字で投票することができると定め
られています。

⑪

【4】投票所以外の場所で、投票すること
はできない

⑫

⑬

解説

▶病気や障がいがあって投票所に行けない人のために、郵便や病院で投票できる不在者投票という制度があります。

▶病院だけではなく、航海中の船の中でも、同じように投票することができます。

⑭

【5】得票数が同じ候補者がいた場合は、じゃんけんでどちらが当選するか決める

⑮

⑯

解説

▶公職選挙法95条第2項で、くじ引きで決めると定められています。

⑰

⑤開票結果発表・当選者あいさつ（5分）

> むだな1票はない！

　続いて開票結果を発表し，その後当選者のあいさつを行う。当選者は，公約に沿った今後の抱負を述べる。ただ，このあいさつで重視していることは，当選者が2位以下の落選者の政策についても触れるということである。特に2位と僅差で当選した場合，現実に当選者は2位の候補者の施策についても相当意識せざるをえないだろう。児童にとって，たとえ自身の推薦候補が敗れたとしても，投じた1票には，意味があったという点に気づかせたい。私たちが架空の話題での模擬投票を推進する理由のひとつには，このようにすぐに開票できる点にある（実際の選挙に合わせた模擬選挙の開票は，本選挙終了後にしなければ公職選挙法違反になる）。

⑤開票結果発表（5分）のシナリオ		
司会B	それでは，開票結果を発表します。 候補者A　　　　　○○票 候補者B　　　　　○○票 候補者C　　　　　○○票 当選者は，○○です。	
当選した候補者とめいすいくんが入場。 めいすいくんは，「祝当選」を当選者に貼る。		
当選した候補者	ありがとうございます！　これからも誠心誠意頑張らさせていただいて……。 	ここで，僅差票だった候補者の公約内容も意識しながら政治を進めていくという意志をみせる。特に明確に違う公約については触れ，反対票の意見も考慮します，と述べること（選ばれなかった候補者の票に，意味が無いようには思わせないこと）。
候補者退場		

Point

●結果発表での狙い

票差が僅差ならば，他候補の考えを意識した政策を選挙後に打ち出さざるを得ない場合もある。選挙以降政策が変動することがあるため，投票には必ず意味があり，選挙に行って当選者以外の候補者に投票するということは，大きな意味があることに気づかせる。

図 2-21　開票結果発表

図 2-22　当選者あいさつ

⑥グループワーク（25分）

> グループで議論することが最重要！

　当選者あいさつで，選挙劇は終了し，いよいよ「グループワーク」に移る。児童数名ずつに班編成し，全グループに選挙サポーターがはりつけるようにしたい（グループの数と同じだけの大学生を確保すること）。グループ討議の問いは①「なぜその候補者を選んだのか」，②「選挙に参加するうえで大事なことってなんだろう。もし選挙に参加しなければどうなるんだろう」というものである。ただし，①の話し合いの目的は「だれ」を選んだのかという人物名を話すのではなく，「どのような基準」で，「何を重視」して選んだのかを話し合わせることにある。この点が非常に重要なポイントと考えているので，ここはまた5章で詳説したい。

　グループワーク後には，その内容を選挙サポーターの司会のもと全体共有する。児童からは，投票に行くことの重要性や，自分の考えをもつこと，候補者のことをよく調べる必要があることなどが述べられるだろう。

⑥グループワーク（25分）のシナリオ		
司会B	さて，このような結果になりましたが，皆さんはどのような考えをもって投票しましたか？　皆さんには，これから班に別れてグループワークを行っていただきたいと思います。	
各班に，選挙サポーターが入る		
グループワーク①「公約を見比べて，その人に投票しようと思った基準は何か」（目安10分）		
司会C	各自，配布公約プリント①②を見て，どのような基準で公約を見て投票したのか班の他のメンバーに話し合ってみてください。	プロジェクターを用いてスクリーン等に表示（グループワーク①（☞ p.38））
各班での話し合い		各選挙サポーターは記録シートでグループワーク①の様子，どのような会話が行われたかの記録をする。
グループワーク②「選挙に参加するうえで大事なことってなんだろう。または，もし選挙に参加しなければどうなるのか」（話し合い5分，発表10分程取れれば理想）		
司会C	班で話し合って，自分たちの自由な答えを出し合ってください。後で代表の方に発表していただきます。	プロジェクターを用いてスクリーン等に表示（グループワーク②（☞ p.38））
各班での話し合い		
時間を見て，児童の意見の集計に入る。		
意見をホワイトボードに書き込んでいく		
司会C	皆さん，きちんと意見を出してくれたようで嬉しいです。では，この意見を元にこの授業のまとめに入っていきます。	

Point

● 各班に，各自選挙サポーターが話を聞きに行く際の留意点

・あくまで話を聞くことを重視，聞かれても自分ばかり喋ってはならない。

・喋る場合は，話が煮詰まった場合や話が進まないときに，もう一度課題を伝えてあげたり，意見を引き出すために質問してあげたり，出た意見をまとめてあげる場合のみ。

図 2-23　グループワークの様子①

図 2-24　グループワークの様子②

図 2-25　グループワークの様子③

Point

● グループワーク①（☞ p.38）のねらい

・公約を選ぶ基準において，自分の意見を明確にするため。賛成と反対を見比べ，自分なりの選択基準をもって候補者を選べているか。

・児童たちで，どのような理由で，何を重視して一人の候補者を「選択」したのかを考え，議論しあう時間をもたせたい。簡単にお気に入りの一つの論点で選択するのではなく，候補者を複数の公約から比べ，たとえ全面的に賛同できる候補者がいないとしても政見をじっくり読み聞きし，考え，自らの判断力で総合的にベターな人物を選択していくという経験を積み重ねさせるのがねらい。

● 学生選挙サポーターの留意点（グループワーク①（☞ p.38））（公約プリント①（☞ p.12））

・「誰」に投票したかを中心に話すのではなく，①どの公約を重視して投票したのか，②賛成，やや賛成，やや反対，反対が３人の候補者でいろいろと混ざった人は，その中からどうしてその人を選んだのか，つまり，賛成，やや賛成，やや反対，反対のどれを重視して決断したのかを児童に話し合ってもらう。

● グループワーク②（☞ p.38）のねらい

・まとめにて「選挙に参加するうえで大事なこと」を伝える時に，投票するということは，政治に対して自分はきちんと意識を向けているという意思表示になるため，投票すること自体に意味があるということを伝えるようにする。

図 2-26　児童の考えの発表

図 2-27　児童の考えたことのまとめ

⑦まとめ（15分）

> ふりかえりを家庭でも！

　下の参考資料のように児童に伝えたい点として，①投票に行くこと，②候補者の考えをきちんと知ること，③自分の意見をもち真剣に考えること，の３点を資料や討議をふりかえることにより，児童と確認しあっていく。最後に，授業で学んだことを家族に伝えて，話し合ってもらうことをお願いし，終了とする。なお，下記の参考資料のような「ふりかえりシート」を宿題として配布し，家庭でも授業の話題をしてもらうようにした。そして，保護者への選挙啓発も含め，児童の選挙に対する学びの深まりを期待した。

参考資料　ふりかえりシート

振り返りシート

右京区学生選挙サポーター

{ 小学生 }
○ 今日の授業で，一番楽しかった内容は何ですか？○で選んでください。（複数○してもらっても構いません。）

{ 選挙劇　　候補者への質問　　模擬投票　　グループワーク　　○×クイズ }

○ 楽しかった理由は何ですか？

○ 今日の授業で学んだことは何ですか？

{ 保護者様 }
○ 別紙（概要説明）をお読みになったうえで，お子様とどのようなことをお話されましたか？

ご協力ありがとうございました。

⑦まとめ（15分）のシナリオ		
	選挙にとって大事なことは大きく三つ（投票に行くこと・候補者の考えをきちんと知ること・自分の意見をもって真剣に考えること）あることを伝える。	プロジェクターを用いてスクリーン等に表示，グラフ
司会C	【投票に行くこと】 ‥‥‥‥‥‥‥‥‥‥‥‥‥‥‥‥‥‥‥‥‥‥‥‥‥‥‥‥ 今回は，医療，公共事業，教育をテーマにしましたが，本来は経済政策や外交問題等，さまざまなことを争点にしています。 現在，若者よりも高齢者の方々が多く投票をしているため，議員や首長の候補者も，介護や年金など，高齢者向けの公約の方を充実させる可能性があります。 それは決して悪いことではありませんが，子どものために公園を作ったり，学校の建物をきれいにしてほしいという声は軽視されるかもしれません。 若者が投票しないと更に高齢者のためだけの政策が重視されて，若者向けの政策が軽視されてしまう可能性がありますので，若い世代も，やはり投票に行くということがとても大事になります。 そして，選挙に行く，投票するということは，ただ自分の投票した候補者が当選した，しなかったというだけでなく，他にも大きな意味があります。 投票するということは，政治に対して自分はきちんと意識を向けているということです。 政治に意識を向けている国民が多ければ多いほど，投票する人が多ければ多いほど，国民を裏切るような無茶な政策はできなくなりますし，投票率が高く，また得票率が僅差である場合は，選挙が終わってからも，当選者や政権与党の政策が変化していくこともあります。 つまり，今行かない人が多いということは，そのまま政治に対して興味が無い，だからやりたい放題できる，と政治家に錯覚を与えてしまうかもしれません。 自分の候補者が落選したら意味がないとか，誰が当選しても同じだという理由で投票に行かないことはとても勿体無いことだと，自分の投票にはきちんと意味があることを皆さんは是非知っておいてください。	・グラフを参考に具体的な数字を伝える。 ・近年，選挙に行かない人が20〜40代の世代の半数を超えていることを伝え，行かないことの怖さを伝える。 ・若い世代に必要な政策が，軽視される可能性があることを伝える。 ・今回，初めて投票した18歳，19歳の投票率は50％に近くになったが，これからも興味本位の投票ではなく，継続して欲しいことを伝える。

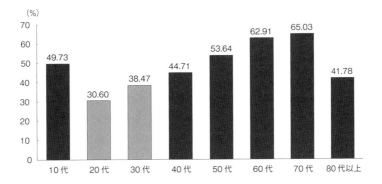

図2-28　平成28年7月10日執行の参議院議員通常選挙における年齢別投票率

⑦まとめ（15分）のシナリオ		
司会C	【候補者の考えをきちんと知ること】 しかし，投票に行けば良いだけの話ではありません。候補者がどのようなことを実行しようとしているのか，候補者を知るということも必要です。 せっかく投票したのに自分の生活には全く還元されなかった，もしくは自分の生活が苦しくなったということに，投票してから気づいてしまうことはとても怖いことです。 皆さんが今日の授業で候補者や応援演説者に質問して情報収集をしてくれたように，調べるということがとても大事です。 それぞれの政党には，自分たちがどのようなことをするのか，いわゆる公約をインターネットの公式サイトや選挙公報等にきちんと書いています。選挙になったら，一生懸命調べてより良い社会を実現してくれる人を選びましょう。 また，公約の良い部分だけを見て，悪い部分を考えずに投票することはとても怖いことです。例えば候補者Cの「大型テーマパークを誘致」は，実際にテーマパークを作る土地があるのか，また誘致にどれだけのお金が掛かるのかを考えなければなりません。 一つ一つの公約に対して賛成反対を考え，賛成できることが多くても，実現しては絶対に困ることを公約として挙げていれば，その人への投票は避けた方が良いと考えた人もいました。 公約内容一つだけで判断するのではなく，候補者が一貫して何をしたいのか知ったうえで，よく考えて投票することが大事です。	・候補者が何をするのかとういうことを，有権者がきちんと知らずに投票してしまうことの怖さを伝える。
	【自分の意見をもって真剣に考えること】 友達に頼まれた等，候補者の外見や肩書で投票するしないを判断するのではなく，当選したら何をしたいと考えているか等，候補者の政策について調べて，誰に投票するかを自分で判断しましょう。 どの候補者も自分の考えとは合っていないと思っても，一番自分のして欲しいことをしてくれる候補者を選ぶことが大事です。誰にもなって欲しくないから投票しないという選択ではいけません。そのためには，先程も言ったように，候補者についてきちんと深くまで調べて，賛成か反対か自分で考えることが大事です。	人の意見に流されて投票してしまうことの怖さを，劇に絡めて伝える。
	以上の三つの中から何かが欠けていても，それはきちんと参加できていないことになります。 これから先，18歳になれば，「投票に行くこと」「候補者の考えをきちんと知ること」「自分の意見をもって候補者について真剣に考えること」の三つを守って選挙に参加しましょう。これは，少し難しく言うと，候補者の主張から「自分の」決断をする力を養うということです。	
	他にも選挙に行く時間がない場合は，期日前投票といって，投票日当日行けない人のために，都合の良い日に行ける制度があります。	当日投票所に行けない人のための期日前投票があることも時間次第で伝える。
	今日帰りに，先生から今日の授業についての自分の感想と，保護者の方とどのようなことを話し合ったかという項目を記入するプリントが渡されると思います。頑張って書いてくれると私たちはすごくうれしいです。今日は，授業にきちんと参加してくれてありがとうございました！	プリントの話をする

⑦まとめ（15分）のシナリオ		
学生選挙サポーター全員	【全員の自己紹介を順番に行う】 ①自分の名前 ②自分が選挙に初めて参加した時どう思ったか，どのような姿勢で臨んだか ③今日の授業の感想	時間を見て，話す内容をコンパクトにする。

図 2-29　終わりのあいさつ

Point

●学生選挙サポーターが伝えたい大切なこと

①投票に行くこと

小学生の保護者世代である 20 〜 30 代の投票率も低いことをグラフで視覚的に説明。また，20 〜 30 代も投票しないと高齢者のための政策が重視され，若者に対する政策が軽視される可能性がある，ということを例を用いて説明し，投票を呼び掛ける。

②候補者の考えをきちんと知ること

・投票してから「別の候補者に投票すれば良かった」と後悔しないために，候補者の言葉のみを鵜呑みにしない。

・どの候補者も自分の考えと合っていないと思っても，自分がして欲しいことに一番近い候補者を選び投票することも大切。

③自分の意見をもち，真剣に考えること

「友人に頼まれたから」「候補者の外見，肩書で判断」するのではなく，候補者について調べ，それを基に誰に投票するかを自らで判断する。

⑧（時間があれば）終了後に

> 大学生にとっては，児童と小学校の先生から学べるまたとない機会

　出前授業終了後，先生方の無理のない範囲で，ふりかえりの時間をとっていただき，授業の感想やご意見を伺いたい。加えて，大学生が教職希望者の場合，教員としての今後への助言もお願いしたいものである。

　さらに，もし，選挙出前授業が午前中に終了するなら，学校側にお願いをして，次の給食の時間，引き続き，大学生には児童と教室で，昼食を一緒にとり，昼休みも児童と遊ばせてもらえるとよい。教職を望む大学生にとっては，児童と同じ机で昼食を共にしたり，おしゃべりすることは，授業とはまた違う子どもの姿を感じ取ることができる，極めて貴重な機会となるだろう。

図2-30　小学校の先生とのふりかえり

参考資料　出前授業進行管理表

予定時刻	実際時間	目安時間(分)	進行	担当者	備考
			はじめに	司会A	
			選挙劇	候補者A	
				応援演説A	
				候補者B	
				応援演説B	
				候補者C	
				応援演説C	
			質問タイム	1回目	
				2回目	
				3回目	
			模擬投票	司会B 他	
				誘導係	
			開票	説明	
				作業	
			休憩時間		
			○×クイズ	司会B	
			開票結果発表	司会B	
				当選した候補者	
			グループワーク①	司会B	
			グループワーク②	司会B	
			まとめ	司会C	
			自己紹介	全員	

参考資料　選挙出前授業パワーポイント

①

~はじめに~

②

選挙劇が始まるよ！

③

候補者A

■75歳以上は，医療費を無償化します！

■税金の無駄使いを減らすため，
　新たな道路や公共施設を作りません！

■一クラスあたりの人数を減らし，
　　　　　丁寧な指導を行います！

④

候補者B

●医療費は，収入に応じて変えます！

●道路を整備し，都心部と田舎の
　　　　　　　行き来をしやすくします！

●図書室，運動場を放課後や土日も
　　　　　　　　　開放とします！

⑤

候補者C

▼医療費の自己負担を少し増やす！

▼大規模テーマパークを導入します！

▼コンピューター教育の充実で，
　　　　　　学力向上を目指します！

⑥

質問タイム！

参考資料　選挙出前授業パワーポイント

⑦

⑧

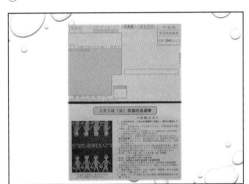

⑨

⑩

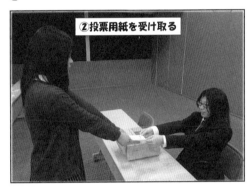

⑪

⑫

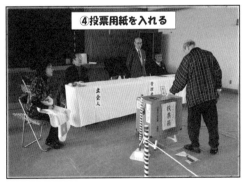

参考資料　選挙出前授業パワーポイント

⑬

⑭

⑮
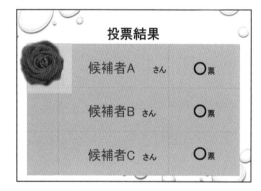

⑯

⑰
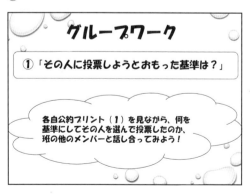

⑱
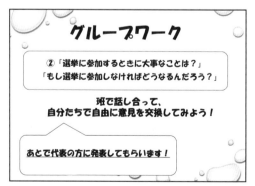

参考資料　選挙出前授業パワーポイント

⑲

発表タイム！

⑳

選挙にとって大事なこと

投票に行く

候補者の考えをきちんと知る

自分の意見をもつ

㉑

平成28年7月10日執行 参議院議員通常選挙年代別投票率

㉒

選挙にとって大事なこと

投票に行く

候補者の考えをきちんと知る

自分の意見をもつ

㉓

今日は授業に参加して頂き ありがとうございました！

今日、皆さんが学んだことを、帰ってから家族の方に話してみてください！

㉔

◆当日、仕事や都合があって家族の方が選挙に行けないと言っていたら、事前に投票できる「期日前投票」の制度を教えてあげましょう！

参考資料　選挙出前授業パワーポイント

㉕

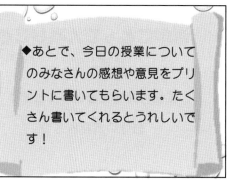

03 選挙出前授業実施後の ふりかえり

03-01　児童，保護者，小学校教員の意見・感想

　本節では，選挙出前授業を受けた児童，保護者，教員の意見・感想の主なものを紹介し，その総括を記したい。

①児童の意見・感想

【楽しかったこと】
・本物の投票箱を使用した投票ができ，本当の選挙の様だった。
・○×クイズで，選挙についてこれまで知らなかったことを楽しく学べた。
・選挙劇の候補者一人一人が違った意見を述べていて，どの意見にも良い点や改善すべき点があり，どの候補者に投票するか決めることに楽しさを感じた。
・グループワークで，自分一人では気づくことができなかったことが知れた等，さまざまな意見・考えを知ることができた。自分が疑問に思っていることを考えることができた。
・グループワークで，普段話すことがない大学生と話すことができた。
・候補者役の人が分かりやすく意見を述べていて，また，疑問に思ったことを質問し色々とやり取りすることができ，楽しい選挙劇であった。

【授業を通して学んだこと】
・投票の手順。
・一票の大切さ，重要さ。
・自分の住んでいる市がこうなって欲しいと考え，投票に積極的に参加しなければならない。
・候補者の外見ではなく考えを知り，自分の意思で投票する。
・今回の模擬投票では，候補者の考えのある一点のみに注目して，投票してしまった。18歳になり投票する時には，一点だけでなく，候補者について視野を広げて考え投票したい。
・「あまり分からないから」，「私が行かなくても……」という理由で選挙に行かないということは，良いことではない。せっかく自分の意思が反映されるのだから，候補者の考えをしっかり聞いて投票に行く，ということが大切。
・選挙に難しいイメージをもっていたが，授業で大学生が分かりやすく説明してくれたので，身近なものに感じられた。
・投票に行かないと，自分の意思を示していないので，自分が当選して欲しいと思った候補者が当選しなくても，不満に思うことは良くないと思った。

②保護者の意見・感想

- 選挙は，選ぶ側と選ばれる側に責任があるので，選ばれた人だけに任せず，まず自ら行動し，国や地域が良くなる工夫をする必要がある。
- 子どもに，「投票に行く？　なぜ行くの？」と質問したら，「行く！　自分たちのために！」と力強く答えてくれた。
- 有権者が自分の意思を示す投票がいかに大切であるかということを，授業を通して学ぶことができた様子。親が投票している姿を見ていたので，模擬投票を体験し，投票の仕組みが分かり，良い体験ができたと思う。
- これまで，投票には数回しか行っていないと子どもに話したら，「行く方が良いよ」と言われた。将来，子どもと一緒に投票に行きたいと思う。一緒に行くのが楽しみ。
- 選挙にあまり興味がなく投票に行っていなかったが，子どもと話すことで次の選挙で是非投票に行きたいと思った。
- 子どもと，選挙について初めて話した。候補者の考えを聞き，それぞれのメリット，デメリットを自分で考え，投票に行かなければならないと改めて思った。
- 次回の選挙の時には，一緒に新聞等を読んで投票する人を考えてみようと，子どもに話した。
- 子どもにとって，選挙は大人がすることでまだ関係ないものだが，今回の授業を通して身近に感じたのか，授業について楽しそうに一生懸命説明してくれた。
- 選挙権が18歳以上に引き下げられ，未成年でも投票できるようになったので，保護者のレベルアップや，選挙・政治の伝え方について，今まで以上に努力する必要があると感じた。
- なぜ投票した候補者を選んだのか，子どもがしっかりと説明してくれた。自分の意見をもち，また，口に出すことは大人になっても難しいことなので，良い勉強ができたのではないかと思う。6年後の選挙で，この経験を生かしてほしい。
- 選挙権は突然与えられるというイメージがあるが，予備知識をもつことはとても大切で，選挙権が与えられるということは，投票して自分の意思を示す責任があるということを話した。
- 他人事のように思っていた選挙が，出前授業で身近に感じられるようになったのではと思う。子どもと話しながら，選挙に興味をもつことが大切だと，改めて思った。
- 子どもたちが18歳になり選挙権が与えられたとしても，あまり身近に感じられないことが投票率の低下に繋がると思うので，出前授業のような体験を小学生の間にできることはとても重要だと思う。候補者の話を聞いて自分で質問し，判断するという「参加する」ということが，とても積極的に勉強できたと思う。
- 将来投票に行こうと思うかと子どもに尋ねると，「分からない」と返答したため，その理由について話し合った。親自身もあまり投票に行っていないため，人任せにしてしまっているのではないか，と話した。
- 実際の投票の時には，投票所の様子などを子どもに口頭で説明するだけだが，模擬投票によって選挙が身近に感じられた様子。社会で必要とされていることや問題点等，子どもが興味をもてるように親自身も勉強し，話していく必要があると感じた。
- 言葉で説明してもぼんやりとしか分からず，投票用紙にどのように書き投票するのか等，疑問に思っていたことが，選挙出前授業により明確になり大変勉強になった様子。模擬投票を行うことで，選挙・政治への関心も高まり，数年後に実際に投票する際に，選挙出前授業のことを思い出すと思う。

③小学教員の意見・感想

- ・児童は，分かりやすく楽しみながら，選挙について学ぶことができたと思う。
- ・出前授業を通して，子どもが有権者になった時に一人一人の一票が政治を変えていくと思うので，今後もこの活動を続けて欲しい。
- ・児童の選挙に対する意識も高まり，イメージの良いものとなったように思う。児童が 18 歳になった時の日本の政治にも，大きな影響を与えると感じた。
- ・平成 27 年度，28 年度と 2 年連続で選挙出前授業を見たが，27 年度にお伝えしたシナリオの改善点が 28 年度には改善されており，良かった。
- ・候補者への質問タイムや，グループワーク等で，理解を深められることが良かった。
- ・一方的ではなく，参加型の授業であることが良い。
- ・ただ印象に残った言葉や候補者のパフォーマンスのみで投票してしまう危険性に気づけるよう，内容についてよく練られているという印象を受けた。実際の選挙では，有権者が候補者の言葉を理解しなければならないが，授業としては使われる言葉が難しかったように感じた。選挙で使われる言葉の解説があれば，何を言っているか理解しようとしながら聞く児童が増すと思う。
- ・候補者の演説方法を工夫すれば，さらに臨場感をもたせることができるのではないだろうか。
- ・学校の実情によっては，選挙劇のテーマを変える必要があると思った。
- ・模擬投票をする前に，誰に投票するか事前に相談していた児童がいたので，投票前にも，「自分の考えで投票しなければならない」ことを強調すべきだと感じた。

④総　　括

　以上，それぞれの立場からの意見・感想を受けて，総括をしておきたい。まず，児童にとっては，本物の投票箱に投票し，選挙の雰囲気を感じ，また，グループワークでさまざまな意見を聞けたことが好評のようであった。やはり，"本物の選挙" と "グループワーク" が重要である。

　次に，児童と保護者が家庭で選挙出前授業について話し合うことで，保護者の投票意識も高めたいという目的がふりかえりシートにはある。保護者からの感想を見ると，話す "きっかけ" にできた家庭が多かったようであるので，今後も保護者の方々にもふりかえりシートを記入いただくことが望ましいと考える。

　また，小学校教員からは，大学生の授業内で使用する言葉や所作へのアドバイスをたくさん得た。大学生にとって，話した内容についての児童の理解度の判断が難しい。難しい言葉は簡易な表現に変えるか，説明を加える等の対応をより丁寧に行うことが必要だと実感した。

　児童，保護者，教員からいただいた意見を真摯に受け止め，今後の選挙出前授業の発展に繋げたい。

03-02 学生選挙サポーターのふりかえり

　本節では，右京区学生選挙サポーターとして，実際に選挙出前授業で活躍した大学生自身の声を聞いてみよう。3人の大学生に，それぞれ「小学生との学び」「行政職員と協働」「大学生自身の選挙についての学び」について記してもらおう。

小学生と学んで感じた，小学生の成長や自身が学んだこと（花園大学：田中俊大）

　私は4年間選挙出前授業を実施し，「私たち授業実施者は児童の反応から学ぶ必要がある」ということを学んだ。

　児童の反応を見ながら，どうすれば選挙を楽しく学ぶことができるのか，ということを探していると，「一生懸命目の前の課題について真剣に考えられること」が児童にとっては面白い，楽しいということが分かった。そして，楽しいからこそ選挙という難しい話にも挑戦でき，理解も深まる。

　しかし，選挙を真剣に考えるためには，小学6年生は少しは勉強しているものの，知識をしっかりと習得しているわけではない。漠然と，「国民にとって大事なもの」というイメージだけをもっているようであった。

　児童たちの「なぜ選挙は大事なのだろう」「なぜ選挙について勉強しなければならないのだろう」という純粋な疑問に対して，右京区学生選挙サポーターは右京区選挙管理委員会の協力によって，模擬選挙という体験的な学習を含んだ選挙出前授業を提供できた。

　投票箱や記載台等，実際の機材を使用した体験学習のおかげで，知識が無くても体験的な学びを通して，児童たちは真剣に選挙について考えることができた。また，グループワークは，「投票しようと思った基準は何か」「選挙に参加するうえで大事なことは何か」等のような決まった答えの無い問いに，児童たちが授業の中で体験して得た情報で，自分たちの答えを見つけるための機会である。真剣に考えられたからこそ，児童それぞれが自分なりの答えを導き出してくれたのだと思う。

　私が選挙出前授業の良さとしてずっと勘違いをしていたのは，候補者に独特なキャラクターを設定することや児童の笑いを引き出すことが，児童が聞きたくなる楽しい授業なのだと考えていたことである。しかし，こうした観点は授業を聞いてもらうための導入でしかなく，選挙出前授業で大事なことは，自分で考えるグループワークや「なぜ選挙が大事なのか」ということを伝える授業のまとめについて，児童が納得できる構成であることと，「ふりかえりシート」による授業後のふりかえりを行うことだ。これら3点がなければ，児童は「授業が楽しかった」ということだけで終わってしまい，覚えていることは，選挙がなぜ大事なのかということではなく，候補者それぞれの個性や話の面白さだけになるかもしれない。選挙について深く考えるためのグループワークやまとめ，ふりかえりによって，児童がどのような

反応を示したかということを学生選挙サポーターそれぞれが確認し，毎年授業手法の工夫に繋げることで，児童の選挙に対する学びが深まり，年々授業の質が高まっていったのだと私は考えている。「児童の反応を確認すること」の重要性を知ることができた。

　児童が授業を通して選挙について学んでいるように，私たち右京区学生選挙サポーターもまた，授業内容は適切であるか，児童に伝えたいことがきちんと伝えられるよう工夫がされているか，そして，児童に選挙について理解してもらうにはどうすれば良いかということを考え，学ぶことができた。将来教職者となった際には，選挙出前授業を通して学んだことを生かして，児童に教えるという上からの目線ではなく，児童と共に学ぶ，児童から学ぶ授業を心掛けたい。

行政と一緒に取り組んで感じたこと，学んだこと（立命館大学：有薗太智）

　私は大学1年生の秋から卒業までの3年半，右京区学生選挙サポーターのメンバーとして活動した。主な活動としては，選挙における投開票事務の従事や街頭啓発，地域のイベントや大学の学園祭での選挙の周知活動，小学校での選挙出前授業等が挙げられる。右京区選挙管理委員会をはじめとする行政の方々と協力しながら，このようなさまざまな活動に取り組んできた。本稿では，こうした経験を踏まえ，私が感じた「行政と連携して活動を行うメリットや学んだこと」について述べる。

　私たちのような大学生が，行政の方々と協力して活動するメリットとして，第一に挙げられるのは，大学生だけで活動するよりも活動の幅が広がるということではないだろうか。例えば，小学校での選挙出前授業では，実際の投票で使用される機材を用いて児童に投票を体験してもらう。投票箱や記載台等，実際の機材を使用するので，児童や先生方からは，「大変貴重な経験ができた」と，いつも良い評価をいただいている。また，街頭や地域での啓発活動の際には，配布するノベルティ等，必要な物を行政に準備していただくため，スムーズに活動を行うことができた。他にも，全国の選挙啓発団体との勉強会や活動報告会に参加する等，行政を通して他団体と交流する場を設けていただくことで，右京区学生選挙サポーターとしての活動がより多様になったという実感がある。

　私たち大学生自身も，行政の方々と活動する中で学ぶことが多くあった。選挙事務に携わる多くの方々と接する機会があり，自分にとってあまりなじみのなかった選挙がより身近なものとなった。投票の方法や選挙に関する情報等，知識面での学びも多かったが，より印象に残っているのは，普通の大学生が経験できないようなさまざまな活動の実体験を通じて得られた学びである。例えば，私たちの主な活動の一つに投票所での選挙運営の従事があるが，早朝から夜まで地域の方々と一緒に投票所の準備や運営をしていると，選挙は行政だけでなく，地域の方々の協力に支えられて執行されているということを実感した。近年，若年有権者層の投票率の低下が大きな問題となっているが，投票所で従事していると，中高年や高齢者の方々と比べて，若年有権者の方々はほとんど投票に来ないのがはっきりと分かる。こう

した経験から，選挙の必要性，投票に行くことの重要性を改めて感じ，政治により関心をもつようになった。

　行政と学生が連携して活動を行うメリットについて，上述したもの以外にもたくさんの例が挙げられる。大学生だけでは考え付かないアイディア・アドバイスをしてくださったり，普通の大学生が経験できない貴重な体験をさせていただいたり，公務員志望の大学生にとっては，実際に行政の仕事内容を深く知る良いきっかけとなるであろう。社会人という立場から，進路や将来についての助言をいただくこともあった。こうした素晴らしい出会いがあったことも，活動を通して得られたものの一つである。私自身，右京区学生選挙サポーターの活動を通して，選挙に対する考え方が変わり，ここで経験したこと，学んだ全てのことは，自分自身の人生にとってとてもプラスになったと感じている。卒業後も，右京区学生選挙サポーターとして活動したことを生かして，社会人として頑張っていきたい。

選挙出前授業を通して，選挙について学んだこと（京都光華女子大学：佐久本 奈央）

　選挙出前授業を通して選挙について学んだことは，「選挙において大切なこと」と「小学生が選挙に対して抱いている考え」の二点である。

　一点目の「選挙において大切なこと」に関してだが，これは，実際に私達右京区学生選挙サポーターが選挙出前授業で教えている内容である。選挙出前授業では，選挙において大切なこととして，「投票に行くこと」・「候補者の考えをきちんと知ること」・「自分の意見をもって真剣に考えること」の三点を小学生に伝えている。「投票に行くこと」については，普段から選挙に参加している人にとっては，当たり前すぎて大事なことではないかもしれない。しかし，近年の20代や30代，40代の投票率の低さを見ると，この「投票に行くこと」は十分大事なことであると言える。そして，私はこの「投票に行くこと」を，どのようにして選挙に参加しない人たちに向けて発信していくかということが今後の課題になっていくと考えている。「候補者の考えをきちんと知ること」については，公約の上辺だけであったり，良い点だけを見たり，候補者の肩書や人物像のみで，誰に投票するのかを決めることは怖いことであると伝えている。現代では，インターネットが普及しているおかげで，知りたい時にすぐ情報を調べることができる。しかし，自発的に深く調べ，正しい情報なのかを判断しなければ候補者の考えを知ることは難しい。新聞，テレビ，インターネット，SNS等さまざまな媒体をうまく使い分けて候補者について調べることが大切である。「自分の意見をもって真剣に考えること」では，周りに流されず，候補者について深く調べ，自分自身で賛成か反対を決めることが大切であるとしている。自分の意見が少数で他の意見が多数である場合，自分が間違えているのではと不安になりがちだが，選挙では自分の意見をぶれずにもつことが大切である。

　二点目の「小学生が選挙に対して抱いている考え」については，選挙出前授業だからこそ学ぶことができたものである。私は選挙出前授業が始まるまでは，小学生はその内容や選挙

の大切さを分かってくれるのだろうかと少し不安を抱いていた。しかし，私が考えていた以上に，小学生は興味深く話を聞き，選挙について考えてくれていた。グループワークでの，「選挙で大切なことは？」という問いかけに対して，右京区学生選挙サポーターが伝えたい「選挙に行くこと」「自分の意見をもつこと」という意見をはじめ，「候補者の見た目で判断しない」「周りの意見に流されない」といった意見も小学生から発言された。また，ふりかえりシートでは，「選挙は難しいものではなく身近に感じられた」「将来，必ず投票に行こうと思った」という意見が見られた。こうしたことから，右京区学生選挙サポーターが，選挙出前授業を通して小学生に伝えたいことが伝わっていると感じられたので，現在，小学生がもつ選挙のポジティブなイメージを継続させることが大切であると思う。

　　選挙出前授業を通して，小学生と一緒に選挙について改めて考えることで，これまで当たり前だと思っていたことが実はとても大事だということに気づかされ，改めて選挙に対する姿勢を正すことができた。社会人となっても，選挙出前授業を通して気づくことができた大切なことを常に忘れずに，投票に臨むようにしたい。

03-03　右京区選挙管理委員会事務局によるふりかえり

　　本節では，右京区選挙管理委員会事務局（以下，右京選管）による総括を，記しておこう。

　　平成27年から，選挙権が18歳以上に引き下げられたことから，若年期からの選挙・投票に対する意識付けは，これまで以上に必要である。これまで実施した選挙出前授業での児童の感想の多くは，「将来投票に行こうと思った」「選挙を身近に感じた」というものであった。したがって，児童の選挙への意識が変わった，あるいは，向上したと考えられる。こうした児童の選挙への意識が高まる要因は，授業内の「模擬投票」「グループワーク」及び，大学生が行う「まとめ」であろう。「模擬投票」では，本物の投票箱，記載台の使用や，実際とほぼ同様の名簿対照を行う等，実際に選挙に行ったような雰囲気を体験できるよう心掛けている。「グループワーク」では，「どのような基準で投票した候補者を選んだのか」「選挙に参加するうえで，大事なことは何か。もし選挙に参加しなければどうなるか」という点をグループで意見交換を行い，自分とは異なる考え方も知ることができる。「まとめ」では，実際の選挙での具体的な投票率や，右京区学生選挙サポーターが考える選挙について大切なことである，「投票に行くこと」「候補者の考えをきちんと知ること」「自分の意見をもって真剣に考えること」という3点を伝えている。こうした「模擬投票」や「グループワーク」「まとめ」を通して，自分の一票のもつ大切さや，政治や選挙に参加することの重要性に児童は気づくのではないだろうか。

　　保護者からは，「子どもと家庭で，選挙について話す機会がこれまで無かったが，話す良い

きっかけとなった」「将来，子どもと一緒に選挙に行こうと約束した」といった意見をいただいた。保護者向けのアンケートを行う目的は，家庭で選挙出前授業について児童と話すことで，保護者の投票意識も高めることである。したがって，この目的も達成できていると考えられる。

　実施した学校の教員からの意見を見ると，概ね良い評価をいただいている。しかし，例えば2015年度版候補者公約の「留年制度」等，「小学生には理解することが難しい用語が使用されているのではないか」「模擬投票をする前に，誰に投票するか相談していた児童もいたので，「自分の考えで投票すること」を模擬投票前にも強調する方が良いのではないか」，また，「時間配分の管理ができていないのではないか」という意見もいただいた。今後，見直すべき点は見直し，児童に対しより分かりやすく選挙について伝えられるよう心掛ける必要がある。

　平成25年度から選挙出前授業を実施しているが，授業で行う「選挙劇」はこれまで進化を重ねてきている。初年度は架空の世界での選挙を題材にしていたが，平成26年度，27年度は学校生活に関わる内容を争点に，そして，平成28年度は架空の市長選挙ではあるが，医療，公共事業，教育を争点とし，より実生活に近いテーマを取り入れた。また，候補者の演説をただ聞くだけでなく，重要な点は自身でしっかり聞き，書き留める資料を準備したり，候補者役やその応援演説役に質問できる時間を設ける等，各候補者の主張をより考え，それぞれの"文字だけでは伝わらない主張の裏側"に気づけるよう心掛けた。高校生が対象になる支援学校での選挙出前授業では，卒業後就職しすぐに「社会人」になる生徒が多いため，より実生活に即した内容を争点にして欲しいという要望を学校側からいただいた。そのため，税金や社会保障等を争点にした選挙劇を行った。児童や生徒がより選挙に関心をもつことができる選挙劇にするため，教員等からいただいたアドバイスや課題点について，大学生同士で納得するまで議論し，毎年さまざまな工夫を凝らしている。従来の内容に満足するのではなく，より良いものにしたいという向上心を持ち続けていることが，右京区学生選挙サポーターの強みであると考えている。

　行政機関として，右京選管職員は実施学校との事前の細かな調整は行うが，出前授業当日の運営は全て大学生のみで行っていることが，右京区学生選挙サポーターが実施する選挙出前授業の特長である。児童と比較的年齢が近く，"お兄さん"，"お姉さん"のような存在である大学生から政治・選挙の大切さについて教えてもらうことで，選挙に親しみをより感じやすいであろうし，児童もそうした年齢になれば，「自分自身も選挙について真剣に考えられるようになりたい」と思うようになるのではなかろうか。大学生も行政職員である大人に頼らず，将来有権者となる児童のために，自分たちが真剣に授業に取り組まなければならないという責任感をもち，授業に臨むようになる。このように，大学生主体で授業運営を行うことは児童にも大学生にも良い効果をもたらしている。

　今後重要なのは児童，保護者の選挙・投票意識を，一時的なものではなく継続したものにすることである。そのために，それぞれの選挙の時に家庭で候補者やその政策について一

緒に考える等，選挙を話題にすることで政治意識・投票意識を醸成させることが必要である。親子で自然に選挙を話題にできるよう，今後も継続して選挙出前授業に取り組むことが重要である。また，選挙出前授業やその他のこれまで継続的に行っている啓発活動だけでなく，今後新たな試みも検討すべき時期に差し掛かっている。例えば，平成28年度には名古屋市青年選挙ボランティア主催の「選挙フェスタ2017」に参加し，ボランティアの方々と意見交換も行い，それぞれの活動や課題について話し合った。このように，他都市の学生選挙啓発団体との意見交換を行うことで，右京区学生選挙サポーターが抱える課題について解決策が得られたり，新たな視点からの啓発活動が生まれる可能性がある。今後も，可能な限り他団体との交流を図っていきたい。

　行政機関であるからこそ考えられる啓発活動や，大学生であるからこそ柔軟な発想で考えられる啓発活動があると思うが，右京選管と右京区学生選挙サポーターがお互いの長所を理解しさらに協働することで，より効果的な啓発活動に取り組み，今後も，右京区学生選挙サポーターの活動目的である「若者の政治意識や，投票率の向上」を目指していく。

04 選挙管理委員会事務局と学校のつなぎ方

　学校で主権者教育を実践しようと考えた場合，選挙管理委員会事務局（以下，選管）との連携が欠かせない。しかし，何のパイプもない中ではなかなか前に進めることも困難であろう。そこで，両者をつなぐよりよい方法について，大学生と選管をつなぐ役割を果たしてきた本書の編著者である中と右京区選挙管理委員会事務局（以下，右京選管）の職員（S）とが，これまでの選挙出前授業で中心メンバーとして活躍した大学生（G）を交え，語り合った。

04-01　対　談

中　現場の学校の先生って，模擬選挙など主権者教育をしてみようと考えても，なかなか選管の協力が得られるって想像もしていない，ご迷惑をかける，お忙しくてそこまで手が回らないだろうって思っているのが，実際のところだと思います。

S　実は，私たちの方も，学校の先生方はあまりにも多忙で，選挙啓発に関する授業をお願いするのは忍びないなって思っているのですよ。しかし，選管として，児童に対する選挙啓発をすることはとても重要であると考えています。というのも，投票率は年々低下傾向にあります。選挙時の啓発活動は，投票の呼び掛け等実施することができますが，選挙時以外の常時啓発をどのように実施するか，また，いかに選挙について若い世代に興味をもってもらうかが，長年の課題となっています。そうした中で，若年層向けの常時啓発活動として選挙出前授業が実施できるのは，右京選管としては非常に有意義なものとなっています。今後も，右京選管では，児童のためにも，学校に対し積極的に選挙出前授業の実施を働きかけることができればと思います。

中　学校との連携を，選管側も求められていると考えてもいいということでしょうか？

S　もちろんです。実際に，右京区では，本書にあるように，平成25年度から，小学校11校，支援学校1校で，大学生とともに作った選挙出前授業を実施して，かなりの成果もあがり，私共も喜んでいます。また，実施校にも評判は良いんですよ！　また次回もお願いしたいと要望をいただくこともあり，非常に喜ばしいことです。

中　ここまで育てるまでに，右京区の場合は，選管側から小学校校長会などに説明に出向

くというご努力がおありでしたね。

S　そうですね。しかし，いざ提案してみると，校長先生方が大学生が授業をすることにも理解が深く，非常に好意的で感謝しています。また，現場の先生方が主権者教育の推進を模索されていることもよくわかりました。

中　右京区の小学校の場合は，校長会を通じて，というパイプができあがりつつあるので，学校に働きかけることは可能であると思います。まだそのような形ができあがっていない他の地区では，どうしたらよいでしょうか。

S　右京区の場合は，右京区学生選挙サポーターである大学生が選挙出前授業に取り組んでいるという特徴もあるため興味も惹きやすいのではないかと思います。ですが，全ての地域にそのような団体があるとは限らない。そういった場合，学校に出向き趣旨を説明し，選管職員だけでなく学校教員と共に授業内容を考案することも大切ではないかと思います。

　　また，HP「選挙フレンズ」（http://www2.city.kyoto.lg.jp/senkyo/senkyoFriends_html/index.html）など，児童生徒向けの配信記事もあるんですよ。さらに，「明るい選挙出前授業」（http://www.city.kyoto.lg.jp/senkyo/page/0000203689.html）と称して，市・区選管職員が京都市内の小学校，中学校，高等学校，大学等に出向く取り組みも用意しています。

中　それには，選挙講座【講義型】，模擬投票【体験型】，選挙クイズ【参加型】などがあるようですね。加えて，右京区では独自の取り組みとして，右京区学生選挙サポーターによる啓発事業，そして，それが発展した形で大学生による選挙出前授業も実施しているということですね。この活動は全国的にも先進的で注目を浴びていますね。

S　そうなんです。このユニークな取り組みは，2015年には「平成26年度明るい選挙推進優良活動賞」を受賞しています。その後も，選挙出前授業の内容をより充実させて，実施数を増やしています。

中　大学生の選挙出前授業はともかく，選管との連携は各地でできそうですよね。

S　他地区のことははっきりとは言えませんが，可能だと思いますし，選挙啓発の有力な手段だととらえていることは間違いないでしょう。選管側からのアプローチも大切ではないかと思います。

中　分かりました。各学校で具体的なプランを策定することも必要ですが，各地の熱意ある選管職員さんと協働して，その地域にあった主権者教育が構想されていけばいいですね。少なくとも，選挙に使う実際の機材を貸し出していただけるだけでも，学校としては大変ありがたいことでしょうね。

S　私共も，生徒会の選挙等の用途で，年に数回学校に貸し出しをしています。実際の投票箱や記載台を使用できるので，選挙の雰囲気を感じることができると思います。学校とはどのような形でも良いので，連携を深めることができればと思います。

中 とにかく，選管側も学校との連携を強く求められ，その方法を模索されているということがあらためてよくわかりました。この点は，学校の先生方にとっては非常に心強いだろうと思います。どうか，いいおつきあいが各地でうまれればと願いますね。行政と大学生との連携は深まりつつあるかと思いますが，地域と大学生との連携はどうなのでしょうか。

S 大学生と地域との連携は，選挙時に投票所での運営や啓発活動に大学生も携わるので，選挙時はできていると思います。ですが，常時における連携はまだ弱く，今後の課題です。例えば，地域の方々にも選挙出前授業を参観いただいたり，ゆくゆくは一緒に授業に取り組むことができれば，大学生は行政だけでなく地域の方々とも選挙について考えることができます。地域，大学生，行政の三者の連携を目指せればと考えています。

中 地域と大学生の連携がさらに深まれば，新たな啓発活動に取り組むことができる可能性が生まれますね。

　　さて，Gさんは初年度の選挙出前授業から中心メンバーとして参加し，シナリオ作成等に取り組んでいます。これまで苦労したこと等はありましたか？

G 小学6年生がどの程度選挙について理解しているかが当初分からなかったので，選挙劇の構想やまとめを簡易にして，右京区学生選挙サポーターとして授業を通して児童に伝えたいことを絞る作業が大変でした。

中 初年度は授業案作成が手探りの状況でしたね。他大学の多くの大学生の方々も選挙出前授業に参加していますが，どのように連携をしていますか？

G 台本構成や公約など，複数で考える方がより良いものを作ることができるものに関しては，私が叩き台を作ってから意見をもらう機会を設定しました。

S 今後，選挙出前授業を継続させ，さらにより良いものにするために，後輩に伝えたいことは何かありますか？

G 右京区学生選挙サポーターの打合せでは，やりたいことはどんどん発言し，できることを提供し合える空気を作ってほしいです。積極性の生まれる集団であれば，より良いものも自然と生まれると思います。ですので，選挙出前授業を継続するにあたって大事なことは，誰か一人だけで考えずに，必ず他のメンバーの意見を聞く機会を設けることだと思います。授業実施に関しては，児童の反応は自分の鏡ということを意識してほしいです。大学生が真剣に授業に取り組まないと，児童の態度も真剣なものにならないでしょう。また，大学生が楽しく取り組まないと，児童も楽しめません。大学生が恐れながら授業をすると，児童も緊張してしまいます。失敗は次への反省にして，未来の選挙啓発に繋がる各々のやりたいことを授業に詰め込んで，思い切り授業に取り組んでくれたら嬉しいです！

中 今後，右京区学生選挙サポーターのような若者啓発団体が，選挙出前授業を実施する

　ことが増えるかもしれません。何かアドバイスはありますか？

G　大学生だけで授業内容を考えようとするとやはり難しいので，大学の先生や，選管の方，実施校の先生から意見をもらうことが重要です。また，授業内容の作り方となると，まとめから作ることを意識することが必要だと思います。まとめには，授業を通して児童に一番伝えたいことがきます。だから，まとめは，選管の方や，さまざまな人の意見を組み合わせて，伝えたいことを繰り返し絞っていく必要があるので，一番時間を掛けて考えるべきです。私たちは，それを「選挙・投票に行く意義」にしました。さらに，当然，まとめに説得力をもたせられる導入や展開が求められますので，その内容に応じた選挙劇やグループワーク等を盛り込んでいくと良いと思います。

　　それから，一番大切なことは，目に見える形で授業の効果があったか，児童に評価してもらうことと考えます。授業に対してどう感じたか，右京区学生選挙サポーターとして一番伝えたいことがきちんと伝わっているかが確認できて初めて，啓発効果があったと言えると思うので，私たちが使用している「ふりかえりシート」のような，児童の反応が確認できる物も準備しておくと良いでしょう。

中　将来有権者となる児童たちのためにも，今後も長く続く取り組みになるよう，大学生，行政，そして私も含め共に知恵を絞り頑張りましょう。

05 特徴と意義，これからの主権者教育

05-01　実践の特徴

　模擬選挙のパターンは，大別すると[1]，〈A〉「実際の選挙」を扱うパターンと〈B〉「架空の選挙」を扱うパターンがある。さらに〈A〉の中では，①実際の選挙の時期に合わせて実施する，②実際に行われた選挙を題材にして，その当時の資料などを使用して実施する場合に分けられる。また，〈B〉の中でも，①「歴史上の人物」や「動物」などに投票するもの，②自分たちで「仮の政党」を作ったり，「仮の選挙」に立候補することをイメージして，それぞれが政策を掲げて立合演説会などを行い投票する場合がある。もちろん，それぞれに一長一短があり，実施学年，時期，実態，そして最も重視する目的に応じて，適切なものを選びたい。本書の事例は，小学校6年生であるということも踏まえて，〈B〉②のパターンで実施したものである。また，時期は社会科の政治学習に合わせて（さらに大学生の期末試験等も考慮に入れて），卒業前の2月に行った。

　本書の事例は実際の国政選挙や地方選挙でない，架空の立候補者を設定した上での「模擬投票」ではあるが，「本物の機材の使用による本格的な模擬投票であること」，さらに，「児童がグループワークを行い，選挙の意義や投票のあり方について議論する方法を取り入れていること」「児童から家庭への流れも考慮していること」を特徴とするものである。児童のグループワークを取り入れることで，「架空の選挙」で実施することの良さを存分に活かし，また，その欠点を補うものになっていると考えている。なお，「架空の選挙」で授業を行うことについての是非については，第3節で再び論ずる予定である。

1）早稲田大学マニフェスト研究所シティズンシップ推進部会（2016：20-21）や「未来を拓く模擬選挙」編集委員会（2013：26-27）を参考にした。

05-02 実践の意義

　では，小学生，選挙管理委員会事務局（以下，選管）（行政），大学生それぞれの立場から得ることができた本書の事例の意義をまとめてみよう。まず，小学生にとっては，「選挙」について投票も含めた本格的な授業を受けることができたことは，大きな財産となるであろう。児童たちがこの学びを活かして，政治問題に関心を持ち続け，数年後に選挙権を得た時，スムーズに投票所へ向かってくれれば，望外の喜びである。加えて，大学生との触れ合いも貴重な体験となったであろう。懸命に自分たちのために授業をしてくれる大学生との出会いは，自らの生き方を考えるキャリア教育の観点からプラスになるだろう。また，選管職員の姿からも，選管そのものの存在を知ることと同時に，職業学習の一環としても大きな意味をもつことだろう。また，グループワークのもたらす学びの意義はもちろん，帰宅後の保護者との会話も親子ともども貴重な時間となったはずである。

　次いで，選管職員（行政）にとっての意義であるが，これは当然のことながら，小学生，そしてその保護者，加えて大学生へ豊かな啓発活動ができたことであろう。大学生への助言，小学校との打ち合わせ等，労も多ではあるが，市民（大学生）とともにつくる行政サービスは，新たな選挙啓発の方法開発とともに今後の住民サービスのあり方に示唆を与えるものになっただろう。とりわけ，選管職員が大学生の準備作業に全面的に協力したバックアップ体制が見事であったと筆者は感じている。この選挙出前授業のため，職員は常に大学生と連絡

それぞれの立場からの本書の事例の意義
①小学生にとっての意義
・選挙の学習（主権者教育） ・大学生との交流 ・選管との交流 ・グループ学習 ・保護者との話し合い
②選管（行政）にとっての意義
・選挙啓発（小学生，保護者，大学生） ・市民（大学生）との協働 ・新たな啓発方法の開発
③大学生にとっての意義
・行政の現場を体験 ・行政職員との協働 ・選管職員がロールモデルに ・「選挙」の学習（主権者教育） ・教職課程の大学生にとっての小学校での授業体験 ・サポーター間での議論

を取り合い，進捗状況を確認されていた。なかでも，本番が近づく頃には役所の1室を用意し，職員が逐次大学生の相談を受けながら，準備を重ねていた。選管職員は日常業務をこなしながらも，大学生を決してお客さん扱いせず，同じ目標に向かう「同僚」として完成までとことん付き合い，質の向上を目指しあうといったかかわり方をしてくださった。

　最後に，大学生にとっての意義であるが，大学生にとっては，「役所」で「職員」とともに，なにか一つのものを創りあげたこの体験は，二重の意味でかけがえのない貴重なものであったはずである。ひとつは，「行政の現場を体験」できたこと，ふたつは，「行政職員との協働」で，目に見える輝かしい成果を実感できたことである。大学生にとって選管職員の丁寧かつ熱心な働きぶりを間近で見られたことは，これから始まる職業生活の貴重なロールモデルとなったであろう。また，特に教職志望の大学生にとっては，小学校での授業体験（劇の準備，小学生との触れ合い，授業方法，小学校文化にふれる，グループ学習）は，何にも代えがたい学びであったに違いない。さらに，選挙出前授業終了までの右京区学生選挙サポーター間での選挙出前授業の充実のための議論は，かけがえのない時間だったはずである。

　また，本書の事例は，2013年度から現時点（2017年2月）までで，計16回（11小学校と1校の特別支援学校高等部）で実施してきた。継続することで深まってきた点を3点，以下にまとめておく。継続による質の高まりを強調しておきたい。

継続により深まってきた点
・2013年度の活動をいかし，小学校側の意見を取り入れ，14・15年度版，16年度版と劇の内容を大幅に変更し，より適切な内容に高められていること。 ・大学の授業（「社会科・公民科教育法」）でも，選挙出前授業の内容を議論し，選管職員も含めて構想発表会を開き，選挙出前授業の内容の充実に役立てるサイクルが生まれていること。 ・選挙出前授業の経験者が，次年度の活動においてリーダーシップを発揮し，サポーター間での議論が深まっていくことである。

05-03　劇・グループワークの内容について

① 3つのバージョン作成の過程

　さて，ここで本書の事例の劇・グループワークの内容についての検討を行ってみたい。

　2013年度から行っている選挙劇であるが，これまで3つのバージョンで行ってきた。初回にあたる2013年度版は，候補者の主張をしっかりと見極めて，有権者に与えられている貴重な一票を行使する必要があることを児童に気づいてもらうことをねらいとして，下記のような内容で行った。

　児童にとっては，おもしろい劇で非常に興味がもて，知名度のみで投票してしまうなど，よく考えないで投票することの弊害を考えさせるものであった。児童の評判はもちろん，小学校の先生方からも高い評価（「子供たちが楽しそうに授業を受けていて，実に良かったです」「子供たちに選挙の大事さを伝えるいい授業であり，選挙サポーターの方たちにも良い経

2013年度（1回目バージョン）の選挙劇の概要
①ねらい
選挙に無関心であったばかりに，投票に行かず，良く考えれば誰が見ても賛同できない意見を掲げている候補者が当選し，世の中が変わってしまったことを後悔する主人公を通して，しっかりと自分で考えて投票を行わなければならないことを学ぶ。
②登場人物
めいすいくん（選挙啓発キャラクター），友人兼通訳，りんご（アップ・ル美），ぶどう（ブル・ベリ男），キウイ（キウイち郎），神様，有権者1-3
③あらすじ
ある選挙での候補者の演説を聞いている主人公「めいすいくん」。投票日に友人と遊びに行く約束をしていたことから，自分が投票に行かなくても何とかなると考えていた「めいすいくん」は，絶好の行楽日和となった投票日当日に遊びに行ったため，結局投票に行きませんでした。その選挙では，テレビで有名な候補者「キウイち郎」が立候補して話題になっていたのですが，誰が見ても良くない政策を掲げていたのに，投票前によく考えずにほとんどの有権者は，有名であるからという理由で「キウイち郎」に投票しました。選挙結果は「キウイち郎」が当選し，「料理に必ずキウイを入れることを義務付ける」ことが決められ，キウイ味噌汁等おいしくない料理しか食べられず，「めいすいくん」は泣いてしまいます。それを見かねた神様が，時間を戻し，もう一度「めいすいくん」やみんなに投票をやり直す機会を与えてくれるのでした。さて，みんなどうする？
④グループワーク
劇中の1回目（めいすいくんが選挙に行かなかった場合）と自分たちが参加した2回目（模擬投票までの経緯）では何が違ったのか，選挙にとって大事なことは何かをテーマに，少数のグループに分かれ，話し合いののち発表。

グループワークの内容 （サポーターが児童の意見を簡単にまとめる）	
①1回目と2回目の違い	②選挙にとって何が大事か
1回目　→　・ただ投票しただけで，しかも遊び半分。 　　　　　　・全員の意見ではない。 　　　　　　・周りに合わせてる。 　　　　　　・人気投票のようで，演説を聞いていない。 　　　　　　・第一印象で投票者を決めている。	・国を良くしてくれる。 ・未来のことに興味をもつ。 ・自分の意見をもつ。 ・演説を聞く。 ・政治に参加する自覚をもつ。 ・投票に行く。 ・国民の思いを伝える。
2回目　→　・自分の意見をもつ。 　　　　　　・まじめに後先を考えた。 　　　　　　・真剣，皆で考える。	

図5-1　サポーターがグループワークで出てきた生徒の意見をまとめる

験になったと思います。20歳になれば選挙に行くということにあまり興味をもっていませんでしたが，選挙出前授業を受講して，投票体験もでき，子ども達の印象に残るものとなりました」「グループで話すときに，大学生が子供たちの言葉や考えを上手に引き出していただいたため，子供たちがとても話し易かったように見えました」）をいただいた。

　しかし，その反面「もう少し難しい内容でも子供たちは理解できたと思います」という意見を先生方からいただいたのも事実である。次年度以降の検討課題とし，大学生たちと議論を進めていくこととした。そこで，筆者の担当科目である「社会科・公民科教育法」の授業でも年間を通じて「主権者教育」のあり方を検討することとし，「主権者としての政治的判断力を育てる一環としての選挙劇はどのような内容がよいのか」を考えることにした。その授業における，大学生の選挙出前授業構想発表会には，右京区選挙管理委員会事務局職員も審査員として参加していただき，内容についての研究を共に進めた。

　そのような経過を経て，2014〜15年度に実施した2回目バージョンでは，11頁・表2-2で紹介したように，学校生活の改革に焦点を絞った架空の選挙の場面を設定し，「公約をじっくり聞き，さらに，候補者にも質問する時間をとる」といった構成の劇に変え，「公約をよく聞いて，選ぶ」ということを主たるテーマとしたものにした。13年度同様，児童への成果は大きいものがあったと小学校からも好評であったが，この回もまた，現実社会の多くの課題

選挙劇各バージョンの主たるテーマ		
2013 年度版	2014・15 年度版	2016 年度版
人気投票ではだめ！	公約をよく聞いて，選ぶ！	公約を見比べて，よりベターな人を選ぶ！

に触れず，教育問題のみの公約で児童に投票させた事については，やや批判的な意見もいただいた。そこで，さらに検討を進め，16 年度は実際の政党そのもの公約ではないが，児童にも理解できそうな「医療」「公共事業」「教育」の政策について，それぞれの候補者が公約を述べ，現実の社会的課題について考える内容に舵を切ることにした（☞ p.11・表 2-3）。つまり 3 回目バージョンは，現実問題に即した架空の立候補者を設定し，「公約を見比べて，よりベターな人を選ぶ」というテーマでの選挙劇としたのである。

②架空の公約で行う選挙劇の意義と課題

　さて，私たちが現実の政党の公約をそのまま使わないで，なぜこのような架空の公約を中心とした劇を追究しているのか，その考えを述べておきたい。もちろん，小学 6 年生という年齢を考慮したものではあるが，それが最大の理由ではない。実現したいことは，公約を吟味する経験を児童にもたせたいということに尽きる。そして，そのためには，架空の公約で，焦点を絞って実施する方が効果的なのではないかということである。

　日本の歴史上，記念すべき出来事として記録されるであろう 2016 年夏の参議院選。メディアでも，18・19 歳の初投票について盛んに取り上げ，「主権者教育」なる言葉も一気に広まった感がある。この間，「模擬選挙推進ネットワーク」の「模擬選挙」等の先進的な取り組みとその成果も数多く報道される一方，「まだ誰に投票していいのかわからない」「未熟な自分が投票してもいいものか」などという若者の声もよく報じられていた。そのような中でテレビ・新聞等から，知識人のメッセージとして「まず，投票してみよう」というアピールも数多くみかけられた。また，「何か，一つ，興味のある政策を調べて，共鳴する人や政党を選んでみよう」という呼びかけも耳にした。そのような呼びかけはもっともであるし，重要だとも思う。ただ，初めて選挙に向かう若者への助言として，そういった内容が最善だろうか。もっと言えば，選挙権を有する者がそのような候補者の選び方でいいものなのだろうか。

　「主権者教育」の必要性が理解され始め，学校現場で選挙に関する授業がこれからますます広く行われようとしている昨今，どのような授業や「選挙劇」を目指すべきなのか，多くの関係者で議論を深める必要があるだろう。筆者は，知名度などで簡単に投票してしまうことの是非は言うまでもなく，単一イシューで候補者を選ぶことの問題点をこそ，しっかりと考察する授業を構想する必要があるのではと考えている。

　具体的な例で説明してみよう。今，表 5-1 のように，仮に A さん，B さんの 2 名がある選

表 5-1　公約と支持

A さんの公約	大賛成	まあ賛成	まあ反対	大反対
ア	○			
イ				○
ウ			○	

B さんの公約	大賛成	まあ賛成	まあ反対	大反対
ア			○	
イ		○		
ウ		○		

挙の候補者であるとしよう。そこで，今回の選挙の焦点が「ア」問題に絞られていたり，投票者が「ア」のみに関心があった場合，「ア」だけの論点で投票すれば，この人は当然 A さんを推すことになる。しかしながら，冷静に「イ」・「ウ」問題にも着目し，両者の公約を比較検討し，その賛否をワークシートに記した場合，例えば表のような結果になる場合もあることだろう。もしもこのような場合，私たちはどちらの候補者を投票することになるのだろうか？　もちろん正解はない。「望ましい」答えも，だれも言い切れない。でも，児童たちの中で，例えば「大反対がない人に決めた」「賛成の数の多い方に決めた」「複数の公約を調べないとだめなんだ」「「イ」についてもっと調べたい」等の議論が展開されたら，私たちは大成功と考えるのだ。

　つまり，子どもたちで，どのような理由で何を重視して一人の候補者を「選択」したのかを考え，議論しあう時間をもたせたい。簡単にお気に入りの一つの論点で選択するのではなく，候補者を複数の公約から比べ，たとえ全面的に賛同できる候補者がいないとしても，政

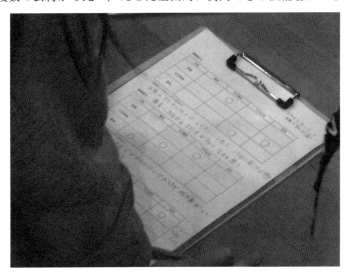

図 5-2　公約プリント（ワークシート）

見をじっくり読み聞きし，考え，自らの判断力で総合的にベターな人物を選択していくという経験を，小学生段階から積み重ねさせたい。

　このような願いのもと，考案したものが12-13頁で紹介した資料のような公約プリントである。私たちは，このような学びを選挙劇後のグループワークで児童にやりきらせてみたいと考えている。そして，そのためには架空の3点程度に絞った選挙公約の方が，児童にとっては理解を深めやすいと考えているのである。

　その成果等の精緻な分析はまた別の機会に論じたい。もちろん，この方法にも課題があることは承知している。中学，高校と学年が上がるにつれて，上記のような取り組みを経た上で，さらなる発展的な「模擬投票」が模索されてよい。つまり，各政党の実際の公約を徹底的に調べ，諸政策の長短所や課題を分析し，実在の政党に対する支持・不支持を検討する機会を保障することもまた重要な取り組みとなろう。さらに，当然のことながら，実際の選挙と連動させた「模擬選挙」への参加も年齢を問わず検討されたい。

05-04　これからの主権者教育

　これまで本書では，私たちが行ってきた選挙出前授業を中心に述べてきたが，おしまいに，「模擬投票」等を含む「主権者教育」のこれからの展望を「アクティブ・ラーニング（以下，AL）」の話題と絡めて記しておきたい。

　2016年12月，中央教育審議会は「幼稚園，小学校，中学校，高等学校及び特別支援学校の学習指導要領等の改善及び必要な方策等について（答申）」を，正式に文部科学省に答申した[2]。いよいよ，いわゆる「AL時代」の到来である。本書ではALについて詳しく触れる余裕はないが[3]，ここではそんな新時代のキーワードについて，あらためて2点記しておこう。一つは，ALの視点による「主体的・対話的で，深い学び」が目指されていること。二つは，その実現のために「社会に開かれた教育課程」の創造が各学校に求められていることである。近い将来，文字通り授業が「社会に開かれ」，「活動的で，学習者主体」となることは，大変望ましいことである。なかでも同答申で，「主権者教育」の充実は「現代的な課題に対応して求められる資質・能力」として特記されており，ALの視点（「主体的・対話的で，深い学び」）による「主権者教育」の推進を強く求めている[4]。

---

2) 2017年2月には，学習指導要領案も発表された。そこでは，結局，ALという用語は，直接的には用いられていないようであるが，「主体的・対話的で深い学び」を通じて，知識の理解の質を高め資質・能力を育んでいくという基調は不変であり，本文に書いたように，いわゆる「AL時代」の到来といってよいだろう。なぜなら，答申では「主体的・対話的で深い学び」をALの視点と明確に示しているからである。

3) アクティブ・ラーニングを巡る筆者の論稿としては，中（2015a, b, c）がある。また，直近の論稿としては，中（2016）等に，国のアクティブ・ラーニングを推進する動向を批判的に検討しつつ，自身のアクティブ・ラーニングの実践例などを紹介している。ぜひ参照されたい。

　しかしながら，国をあげてのこのような急激な「AL 化」については不安もぬぐえない。というのも，授業の構成が「グループ・ディスカッション，ディベート，グループ・ワーク等」，まず活動ありきになってしまわないか。実際，そのような形式的な AL の導入からスタートし始めた学校もあると聞く。そんな一部の流れには，筆者は声を大にして「それは順序が違う！」と言っておきたい。まずは「内容」なのだ。子どもと考え合いたい教育内容があるのかどうかなのだ。つまり，深めたい教育内容（単元）が教員と子どもで共有され，その全体指導計画がつくられ，さらに各時間の展開が構想される中で，その時間の最も有効と考えられる方法として，何らかの AL が選ばれるべきである。

　さらに言えば，子どもと追究したい学びの内容の質が重要である。というのも，誰かが握っている「正解」をそのまま援用し，どこかに書かれていることをただ活発に調べて，発表しあっても意味をなさない。そうでなく，この世界や社会をよりよくするため，別の言い方をすれば，誰もが困らない「誰も置き去りにしない」[5] 社会を創るため，教員と子どもで考えを出し合い，聴きあい，話し合い，その教室で生まれた自分たちだけの，自分たちしか作れない新たな「知」を構築する，そんな「主体的・対話的で深い学び」を誘う質の高い学習内容が求められるのだ。そして，そうであるならば，現実社会のあり方を問う「主権者教育」こそは，まさにそのような「主体的・対話的で深い学び」が縦横に展開される可能性が広がる，AL 時代の象徴的な学習たりえるのではないか。

　では，そのような「主権者教育」のもつ豊かな可能性をどのように花開かせばよいのだろうか。その特徴を充分にいかし，主権者としての判断力や行動力を育成する授業計画をうち立てたい。以下に，筆者の考えるポイントを 3 点にまとめてみた。

　一つは，教員と子どもでよく話し合い，学習課題を共同で決定することである。学習課題が現実社会の問題であるため，子どもの琴線に触れる多様な社会的課題がきっとあるだろう。子どもたちを現実社会へ目を開かせ，社会や政治に対する興味や関心を引き出せるよう，新聞等も活用して，効果的な導入を考えたい。とくに，子どもに，よりよい社会づくりのために全力を注いでいる人たちやその成果から「希望」を，さらには，現実社会のさまざまな不条理に対しての「憤り」を感じさせたい。そうすることで，子どもたちはその課題の解決を自分の問題として受け止め，学び始めるだろう。学習課題の決定を丁寧に行いたい。

　二つは，教員と子どもで，いわゆる「正解」のない問いを皆で考えあう授業構成を練り上げることである。現実の日本や地域，あるいは世界の社会的課題に対して，皆が一致する明

4）2016 年 12 月，答申の「幼稚園，小学校，中学校，高等学校及び特別支援学校の学習指導要領等の改善及び必要な方策等について（答申）別紙」には，「主権者として必要な資質・能力」を「社会の基本原理となる法やきまりについての理解を前提に，政治的主体，経済的主体等やその複合的な主体に必要な知識を習得させるのみならず，事実を基に多面的・多角的に考察し，公正に判断する力や，課題の解決に向けて，協働的に追究し根拠をもって主張するなどして合意を形成する力，よりよい社会の実現を視野に国家・社会の形成に主体的に参画しようとする力」（中央教育審議会, 2016b：25）と記し，その推進を特記している。
5）2015 年国連総会で，全会一致で採択された行動計画【持続可能な開発目標】（SDGs）では「誰も置き去りにしない（leaving no one left behind）」を共通理念として，17 分野の社会的課題の解決に国際社会が合意している。

快な解などどこにも存在しないので，対話を繰り返し，調査や取材などの活動も行い，誰もが納得できる方途を考え出したい。自分たちの「知」や「解」を構築するのだ。

三つは，学びを教室に閉じてしまわないで，現実社会に開くことである。学び，考えたことを教室外に発信するだけでなく，専門家や地域社会の住民と交信し，活動する場面もあってよい。例えば，地域の課題の調査ならば，調査結果を住民や関係者にぜひ問いたいものである。そこから，共に街の問題を考え合う学びが始まるだろう。さらに，その問題に対して，自治体等への請願活動へと発展すればおもしろい[6]。あるいは，何らかの政治問題に関心が強まれば，各政党へ質問状を提出したり，実際に政策討論会の開催も模索したい。また，国政選挙や地方選挙が迫れば，公開討論会や選挙啓発活動に動き始めるかもしれない。

このように，「主権者教育」には，学級や学年，もしくは学校全体や地域社会・関係機関等さまざまな人と協働で，上で述べたような内容について議論し，考えあい，学びあう可能性が強く内包されていると言えよう。それゆえ，そのような「主権者教育」を切り拓いていくことで，これからの「AL 時代」を牽引していきたいものである。また，子どもたちが AL の本質である「主体的・対話的で深い学び」を繰り広げることで，よりよい社会のあり方を考え続けるシティズンシップあふれる個々人に成長していってくれることを願う。

【参考文献】
中央教育審議会（2016a）．「幼稚園，小学校，中学校，高等学校及び特別支援学校の学習指導要領等の改善及び必要な方策等について（答申）」
中央教育審議会（2016b）．「幼稚園，小学校，中学校，高等学校及び特別支援学校の学習指導要領等の改善及び必要な方策等について（答申）別紙」
中　善則（2015a）．「はじめに」花園大学アクティブ・ラーニング研究会［編］『私が変われば世界が変わる―学生とともにつくるアクティブ・ラーニング』ナカニシヤ出版，pp.i–ii.
中　善則（2015b）．「大学授業の改革にアクティブ・ラーニングを！―私たちの提案」花園大学アクティブ・ラーニング研究会［編］『私が変われば世界が変わる―学生とともにつくるアクティブ・ラーニング』ナカニシヤ出版，pp.1–8.
中　善則（2015c）．「対話と活動を組み込んだプロジェクト型アクティブ・ラーニング」花園大学アクティブ・ラーニング研究会［編］『私が変われば世界が変わる―学生とともにつくるアクティブ・ラーニング』ナカニシヤ出版，pp.79–112.
中　善則（2016）．「市民性の育成をめざすアクティブ・ラーニング型道徳授業の提案―豊かな「対話」と「活動」で深める道徳性」『日本シティズンシップ教育フォーラム機関誌』11, 3–6.
「未来を拓く模擬選挙」編集委員会（2013）．『実践 シティズンシップ教育―未来を拓く模擬選挙』悠光堂
早稲田大学マニフェスト研究所シティズンシップ推進部会［編］（2016）．『実践　学校模擬選挙マニュアル』ぎょうせい

6）議会事務局等への請願活動は，総務省・文科省が作成した高校生向け副教材「私たちが拓く日本の未来　有権者として求められる力を身に付けるために」でも，「模擬請願」という章をたてて推奨している。

06 本実践を読み解く
18歳選挙権時代の主権者教育

06-01　何が必要なのか

① 20代・30代よりも高かった18〜19歳の投票率

　70年ぶりの公職選挙における投票権の拡大となった「18歳選挙権時代」が2016年6月から始まり，選挙権年齢が18歳に引き下げられて初めての国政選挙として第24回参議院議員通常選挙（2016年7月10日執行）が執り行われた。

　総務省が発表した参院選における18〜19歳の投票率（抽出調査）は，18歳が51.17％，19歳が39.66％，平均が45.45％で（表6-1），全有権者平均の54.70％よりも9.25ポイント低かった。

　しかし18歳・19歳の投票率は20代（35.6％），30代（44.24％）の投票率よりも高かった。今回の参院選における投票率は戦後4番目の低さだったが，20代，30代よりも高かった18〜19歳の投票が，投票率全体の向上に寄与したとも言える。

　さらに，京都府教育委員会が新有権者約3,200人を対象に実施したアンケートでは，高校3年生相当の投票率は73.4％で，18歳（51.12％），19歳（42.78％），全体（51.16％）よりも高い結果となっている[1]。

表6-1　第24回参議院議員通常選挙の投票率（総務省公表資料から筆者作成）　単位：％

	18歳	19歳	18歳+19歳	20代	30代	40代	50代	60代	70代	80代以上	合計
全　国	51.17 (51.28)	39.66 (42.30)	45.45 (46.78)	35.60	44.24	52.64	63.25	70.07	72.07	47.16	56.08 (54.70)

※カッコ内は全数調査（18・19歳および全数投票率のみ）
※抽出調査は，全国47,905投票区の中から標準的な投票率を示す投票区を各都道府県の市区町村から188投票区（47都道府県×4投票区）を抽出し，その年齢別投票区（選挙区）の平均的傾向を求めたものである。そのため，「全数調査」の投票率とは誤差が生じる場合がある。
※全有権者の投票率および18・19歳の抽出調査は2016年7月11日，18・19歳の投票者数（全数調査）および全年齢の年齢別投票者数（抽出調査）は2016年9月9日，にそれぞれ総務省が公表。

---

1) 総務省（2017）より。

これは，静岡県では高校3年生相当の投票率は81.3%（18歳：48.70%，19歳：37.15%，全体：55.76%），福井県での高校3年生相当の投票率は70.73%（18歳：48.10%，19歳：36.24%，全体：56.50%）というように，他の自治体でも同様となっている。

つまり，18〜19歳世代に注目が集まり報道されたことや，多くの高校では3年生で「政治・経済」を学んでおり，授業を通じた教員による投票へのよびかけが功を奏したことは言うまでもない。その分19歳の投票率は18歳よりも約9%低かったが，それは「政治・経済」を学ぶ機会が減り，高校卒業後の就職や進学によって住民票を地元に残したまま引っ越したといった背景を挙げることができる。やはり，投票を直接呼びかける機会があるクラス担任がいる高校の18歳と比べると，19歳や20歳前半は呼びかけに接する機会が減るため，投票に行かなくなると言える。

②選挙だけが政治ではない

今後も同じような投票率を維持するために，継続した呼びかけや働きかけが必要なのは言うまでもない。ましてや，選挙だけが政治ではない。選挙や政治について，子ども時代から意識をもてるようにしていないことが若者の政治離れを促進させていると言える。そもそも「今の政治状況を作ったおとなは，これまで，どんな判断をしてきたのか」「おとなは，どんな政治教育を受けてきたのか」「おとなは政治のことを何でも理解できているのか」「投票に行かないおとながいるが，おとなはみな政治に関心があるのか」といった疑問を抱かずにはいられない。

「若者の政治離れ」を嘆くのであれば，それこそおとな自身が範を示すべきであり，なおかつ，子ども時代から政治について関心がもてるように取り組む必要がある。

18歳未満の子どもは確かに有権者ではないが市民であり，主権者であり，権利主体であるのは紛れもない事実。であれば，今を生き，これからの時代を生きていく世代が，自分たちが社会の担い手なのだということを意識し，社会の中で生きていくことを体感し続けることが大事になる。だからこそ学校教育をはじめ，家庭や地域社会の中でどのような主権者教育に取り組むべきなのかが課題となっている。

06-02　求められている主権者教育とは

本書では，「大学生と行政（選挙管理委員会）でつくる「小学校・支援学校選挙出前授業（選挙劇・模擬投票・グループワーク）」」の実践報告がまとめられている。小学生が当事者となり，模擬投票のみならず，自分たちで課題について考え，話し合い，まとめ，表現し，保護者にも伝えるという，まさに物事を多角的にとらえて，より良い社会の実現を視野にした取り組みである。そして，大学生自身にとっても，まさに"新有権者"として政治について

考えるとともに，身近な政治を伝えること，学ぶことの難しさとその必要性を感じとる貴重な機会となったであろう。こうした取り組みが今後も継続して取り組まれるとともに，さらには地域に開かれた実践として定着していくことが何よりも重要となる。

　それは，2016 年 12 月に答申された中央教育審議会「幼稚園，小学校，中学校，高等学校及び特別支援学校の学習指導要領等の改善及び必要な方策等について」において，主権者として必要な資質・能力として，以下のように書かれていることからも明確である[2]。

　　　国会・社会の基本原理となる法やきまりについての理解や，政治，経済等に関する知識を習得させるのみならず，事実を基に多面的・多角的に考察し，公正に判断する力や，課題の解決に向けて，共同的に追求し根拠をもって主張するなどして合意を形成する力，よりよい社会の実現を視野に国家・社会の形成に主体的に参画しようとする力

　そしてまた，こうした力を育むためには発達段階に応じた取り組みが必要であり，「小学校段階においては地域の身近な課題を理解し，その解決に向けて自分なりに考えるなど，現実の社会的事象を取り扱っていくことが求められる」としている。

　そもそも，18 歳選挙権実現を踏まえて文部科学省から発出（2015 年 10 月 29 日）された〈文部科学省初等中等教育局長「高等学校等における政治的教養の教育と高等学校等の生徒による政治的活動等について（通知）」〉には，これからの「主権者教育」「政治的教養を育む教育」のあり方について次のように書かれている[3]。

　　　議会制民主主義など民主主義の意義，政策形成の仕組みや選挙の仕組みなどの政治や選挙の理解に加えて現実の具体的な事象も取り扱い，生徒が国民投票の投票権や選挙権を有する者として自らの判断で権利を行使することができるよう，具体的かつ実践的な指導を行うことが重要

　つまり，子ども時代から社会課題について考える機会を設け，"賢い有権者""考える市民"を育てることが求められている[4]。

2）中央教育審議会「幼稚園，小学校，中学校，高等学校及び特別支援学校の学習指導要領等の改善及び必要な方策等について（答申）（中教審第 197 号）」2016（平成 28）年 12 月 21 日〈http://www.mext.go.jp/b_menu/shingi/chukyo/chukyo0/toushin/1380731.htm〉

3）文部科学省初等中等教育局長「高等学校等における政治的教養の教育と高等学校等の生徒による政治的活動等について（通知）」2015 年 10 月 29 日発出〈http://www.mext.go.jp/b_menu/hakusho/nc/1363082.htm〉

4）文科省はこの通知を発出する前に，総務省とともに，「私たちが拓く日本の未来─有権者として求められる力を身に付けるために」と題した政治参加等のための学習教材を作成した。副教材は，国公私立すべての高校生に 370 万部配布され（2016 年度新入生にも配布），ウェブからダウンロードできるようにしている。〈http://www.mext.go.jp/a_menu/shotou/shukensha/1362349.htm〉

06-03 政治を自分事としてとらえる機会を育む

　そもそも私たちは，教科書や教則本を読むだけで自転車に乗れたり，泳げたりできるようになるわけではない。ルールや泳法を座学で学ぶことも必要だが，うまくなるためには練習・実技が不可欠である。18歳になったから突然有権者として判断できるようになるわけではなく，それこそ就学前から主権者として主体的に考え，判断し，他者との関わりの中で自分なりの答えを模索し，選択し，行動していく機会を設けることが不可欠となるのは言うまでもない（そして，失敗する経験を重ねることも大事である）。

　もちろん，「指導に当たっては，教員は個人的な主義主張を述べることは避け，公正かつ中立な立場で指導する」「特定の見方や考え方に偏った取扱いにより，生徒が主体的に考え，判断することを妨げることのないよう留意する」（文科省初中局長通知より）ことも大事だが，重要なのは，「政治的中立性」だからといって「非政治性」に走り，「政治について何も教えない」のではなく，「多様な考えや意見を紹介することを通して多角的に物事をとらえ考えを深化させる機会を創出する」ことである。メディア報道でもさまざまな立場の有識者の声をとりあげており，海外ではもっと異なる視点からの論点が提示されている。児童一人ひとりも考えが異なるということに気づくことで，政治的課題について安心して話せるようになる。

　大事なのは，日々の教育活動を通じて社会や地域で起こっている出来事について考え，調べ，話しあう機会を設けることである。英語で海外情報に触れ，異なる立場からの論説を国語で取り上げる。数学や理科でグラフやデータを読み取る授業を行い，家庭科でワークライフバランスを学ぶ。情報や美術で効果的な広報・普及のあり方を考えるなど，各教科でも工夫次第で主権者意識を高めることは可能である。

　まさにいま，社会が複雑化・多様化・グローバル化し，少子高齢化が進む中，知識を覚えるだけ，受験勉強だけで物事が解決できるわけでは無く，ALを通じて，現実的課題への向き合い方を体得していく時代なのである。

06-04 それぞれの主権者教育を

　「学校任せ／学校に丸投げ」で主権者教育を行うのではなく，家庭や地域の中での多様な学びを通して，多くのモノの見方や考え方に触れることも大事である。

　地域の防犯・防災マップ作成，商店街の活性化，被災地における復興計画といった地域の課題について，おとなだけではなく，その街で生活している市民である子ども自身も参加して考えることは市民意識を育てていくためにも大事である。そもそもこれらはすでに，小学校低学年の段階で取り組まれていることでもあり，子ども時代から「地域の担い手」という

意識をもつことが，それこそ主権者としての自覚と責任を意識することになる。

　また，京都市会をはじめ，すでにいくつかの自治体は，議会として中高生との意見交換に取り組んでいるように，議員自らも，政治の魅力意義，必要性をもっと発信し，政治そのもののイメージを高めていただきたい。議員自身が「市民である子どもの意見を伺うために，学校で政治について話す機会を設けることはできないか」と提案してはどうか。未来の有権者にとって政治家は身近ではない中，政治離れを食い止めるためにも，市民である子どもとの意見交換を議会として取り組むことが望まれる。

　民主主義は子ども時代からの経験によって培われていくものであり，手間がかかろうともしつこいくらいに民主主義を意識し，子どもに働きかけることが重要なのは，今更いうまでもない。

　18歳がおとなとなり，市民となって社会に関わっていけるように，学校教育だけではなく，それこそ家庭や地域でも取り組むことが大事である。子どもを市民にし，子どもをおとなにしていくことを，これまで以上に私たちおとなは真剣に取り組むべき時にいる。

【参考文献】
総務省（2017）．「参議院議員通常選挙（選挙区）における投票率の推移及び年齢別投票率」（「主権者教育の推進に関する有識者会議（第1回）資料1」）

付　言
主権者教育の「主権者」と「政治的中立性」

　「主権者教育」について，本書ではこれまで触れることができなかった重要な論点が他にもある。本書を閉じるにあたり，その中から2点を付言として最後に記しておく。

　一つは「主権者教育」とは，学校現場で，「子どもたちを，主権者たる権利主体に育成してゆく」ものと考えられるが，「主権者」とはだれを指すのかという問題がある。現状では，主権者として選挙権を持つ「有権者」は，日本国籍を有する者のみであるという点を見落としてはならない。同じ日本の教室で学んでいる外国籍の生徒やその家族，あるいは教員などが，選挙権を保持していないということに思いをはせる必要がある。すべて日本に暮らす人々を，どう主権者たる権利主体にしていくかという視点もまた，これからの「主権者教育」には必要ではないだろうか[1]。

　二つは，指導上の政治的中立の確保に関する点である。教員がその立場を利用して，一方的な見解に子どもを誘導することは，もちろん許されることではない。しかしながら，その指導内容に関して，「すべての教員は，「教育における政治的中立性」とは，思想・良心の自由，学問・言論の自由にもとづく教科指導を否定するものでないことを，きちんと認識すべきである」（新藤，2016：40）という新藤宗幸の言及をここであらためて記しておきたい。また，教員の教育的な配慮としての「中立」基準は「自らの専門性と対立論点についての教師自身の本質認識に依拠して，主体的に，自分の責任をかけて選びとらなければならない」（佐貫，2016：229）という佐貫浩の言葉も肝に銘じておきたい。

　ところで，実践上，現実の政治問題を扱う場合，「中立」とは何を意味するのか。この点に関しては，藤井剛（2016：52）の「授業における「中立」は「公平」と読み替える」という提案を紹介しておこう。政治的対立がある問題を扱う際，その論題に対して，もちろん「中

---

1) 「主権者教育」なるものが，いつ頃から語られ，実践されてきたものなのか。その形成期の意義と課題について考察した論稿に，子安・久保田（2000）がある。この論稿では，さらに，子ども，女性，先住民，障害者等，これまでアイデンティティを剥奪されてきた諸属性をもつ人々の権利についての考察が，「主権者教育論」に乏しかったのでないかという問題についても触れている。併せて参照されたい。
　また，直近の「主権者教育」の急速な広がりに対して，藤原孝章（2016）は，「主権者教育の落とし穴」として，2点あげている。一つは，多文化化，二つは，社会の格差化である。つまり，外国籍の生徒や教員，あるいは貧困層，女性，子ども，高校生，障害者，難民等，弱者や少数者も，国家や社会に対して対等な構成員として，対等な関係性の中で支えあう社会という考え方に立った，主権者教育が必要であるという。

立」の考えなど存在しないので，両論を併記し，多様な見解を示し，子どもたちに考えさせることである。さらに，教育の場で，子どもの意見表明等が時に「政治的中立」を「逸脱」してしまう場面があったとしても，「積極的な政治教育を進めるときは，「政治的中立」を逸脱してしまうこともあり得るということを認めて，生徒の意見表明権を励ます，それについての賛否の議論を大いにやる，ただしどの政治的立場も公平に扱われたか，必ず総括（教師の政治的立場も含めてふりかえり吟味する）を行い，「逸脱」は修正していくという学習集団の文化を創ることが大切だ」（井沼, 2016：130）という井沼淳一郎の指摘が重要である。要は，教員と子どもでつくる学問探究の空間は，互いに尊重しあう関係性の中で，あらゆる立場に立った考えを自由に表明できる場であることが大切であり，また，それぞれの発言（教員の発言も含む）を厳しく吟味し合い，「基本的人権に根ざした，自分たちの知をつくりあげる」シティズンシップ育成の場でありたい。

【参考文献】
井沼淳一郎（2016）.「あとがきに代えて　ここが論点。学びの実践と政治的活動・政治的中立性の関係」『これならできる主権者教育─実践アイディア＆プラン』学事出版
子安　潤・久保田貢（2000）.「初期「主権者教育論」の研究」『愛知教育大学教育実践総合センター紀要』3, 9-16.
佐貫　浩（2016）.「「憲法的正義の継承と立憲主義の学習を土台に」『18歳選挙権時代の主権者教育を創る─憲法を自分のちからに』新日本出版社
新藤宗幸（2016）.『「主権者教育」を問う』岩波書店
藤井　剛（2016）.「政治的中立について」『やさしい主権者教育─18歳選挙権へのパスポート』東洋館
藤原孝章（2016）.「シティズンシップを核とした主権者教育のススメ─多様な市民像を繰り込んだ主権者教育を！」『社会科教育』2016年6月号, 18-21.

あとがき

2017年2月，底冷えのする京都の小学校の体育館が，あっという間に熱気で満ちてきます。卒業を目前にした6年生と大学生が，選挙出前授業で本気で向かい合っています。児童の笑い声と真剣な表情。徐々に児童のまなざしのなかに，将来への決意が垣間見えてきます。「自分たちの力で，この社会をもっとよいものにしていくぞ」という決意です。この思いが彼らの歩むこれからの人生の道々で，もっともっと強く，豊かになりますように。そんなことを心より願いながら，私は4年目の選挙出前授業を眺めています。ちょうど1回生からがんばってきた右京区学生選挙サポーターの成長も頼もしく思いつつ。

私たちは，これから全国で進められるであろう「主権者教育」の一助となることを願って，4年にわたる実践を本書にまとめてみました。この取り組みが参考となって，各地の選挙管理委員会事務局との協働による「模擬投票」や，より本格的な「主権者教育」の実践のきっかけとなること願うばかりです。また，子どもたちがそのような学びを通じて，互いを認め合い，丁寧に議論し，自分たちの未来を切り拓く主権者に成長してくれますように。

最後に，株式会社ナカニシヤ出版編集部の米谷龍幸さんには，本書の企画段階から出版に至るまで，貴重ご助言をいただいてきました。その多大なご尽力に，謹んで感謝の意を表します。本当にありがとうございました。

中　善則

著者紹介（＊ は編著者　＊＊ は協力）

中　善則*（なか　よしのり）
花園大学文学部教職課程教授
担当：はじめに，02，04，05，07，あとがき

京都市右京区選挙管理委員会**
選挙が選挙人の自由に表明する意思によって公正かつ適正に行われるよう，選挙に関する事務を自らの判断と責任において管理執行するとともに，常にあらゆる機会を通じて選挙人の政治意識の向上に努めることを責務とするものである。
担当：01，03

右京区学生選挙サポーター**
右京区役所と地域連携協定を締結している地域ゆかりの大学等の学生が，各選挙での投・開票事務や啓発活動等を通して，若者の政治意識及び投票率の向上を目的に活動している団体。平成 23 年の創設当初から，右京区選挙管理委員会と連携し啓発活動を行っている。
担当：03-02

林　大介
東洋大学非常勤講師／立教大学兼任講師
模擬選挙推進ネットワーク代表・事務局長
担当：06

子どものための主権者教育
大学生と行政でつくるアクティブ・ラーニング型選挙出前授業

2017 年 9 月 30 日　初版第 1 刷発行　（定価はカヴァーに表示してあります）

編著者　中　善則
発行者　中西　良
発行所　株式会社ナカニシヤ出版
〒606-8161　京都市左京区一乗寺木ノ本町 15 番地
Telephone　075-723-0111
Facsimile　075-723-0095
Website　http://www.nakanishiya.co.jp/
E-mail　iihon-ippai@nakanishiya.co.jp
郵便振替　01030-0-13128

装幀＝白沢　正／印刷・製本＝創栄図書印刷
Copyright © 2017 by Y. Naka
Printed in Japan.
ISBN978-4-7795-1208-7